RACINE

VOLUMES DE LA COLLECTION DÉJÀ PARUS

DANS L'ORDRE DE LA PUBLICATION

Victor Cousin, par M. JULES SIMON.
Madame de Sévigné, par M. GASTON BOISSIER.
Montesquieu, par M. ALBERT SOREL.
George Sand, par M. E. CARO.
Turgot, par M. LÉON SAY.
Thiers, par M. P. DE RÉMUSAT.
D'Alembert, par M. JOSEPH BERTRAND.
Vauvenargues, par M. MAURICE PALÉOLOGUE.
Madame de Staël, par M. ALBERT SOREL.
Théophile Gautier, par M. MAXIME DU CAMP.
Bernardin de Saint-Pierre, par M. ARVÈDE BARINE.
Madame de La Fayette, par M. le comte D'HAUSSONVILLE.
Mirabeau, par M. EDMOND ROUSSE.
Rutebeuf, par M. CLÉDAT.
Stendhal, par M. ÉDOUARD ROD.
Alfred de Vigny, par M. MAURICE PALÉOLOGUE.
Boileau, par M. G. LANSON.
Chateaubriand, par M. DE LESCURE.
Fénelon, par M. PAUL JANET.
Saint-Simon, par M. GASTON BOISSIER.
Rabelais, par M. RENÉ MILLET.
J.-J. Rousseau, par M. ARTHUR CHUQUET.
Lesage, par M. EUGÈNE LINTILHAC.
Descartes, par M. ALFRED FOUILLÉE.
Victor Hugo, par M. LÉOPOLD MABILLEAU.
Alfred de Musset, par M. ARVÈDE BARINE.
Joseph de Maistre, par M. GEORGES COGORDAN.
Froissart, par Mme MARY DARMESTETER.
Diderot, par M. JOSEPH REINACH.
Guizot, par M. A. BARDOUX.
Montaigne, par M. PAUL STAPFER.
La Rochefoucauld, par M. J. BOURDEAU.
Lacordaire, par M. le comte D'HAUSSONVILLE.
Royer-Collard, par M. E. SPULLER.
La Fontaine, par M. GEORGES LAFENESTRE.
Malherbe, par M. le duc DE BROGLIE.
Beaumarchais, par M. ANDRÉ HALLAYS.
Marivaux, par M. GASTON DESCHAMPS.
Racine, par M. GUSTAVE LARROUMET.
Mérimée, par M. AUGUSTIN FILON.
Corneille, par M. GUSTAVE LANSON.
Flaubert, par M. ÉMILE FAGUET.
Bossuet, par M. ALFRED RÉBELLIAU
Pascal, par M. ÉMILE BOUTROUX.
François Villon, par M. G. PARIS.
Alexandre Dumas père, par M. HIPPOLYTE PARIGOT.
André Chénier, par M. EM. FAGUET.
La Bruyère, par M. PAUL MORILLOT.
Fontenelle, par M. LABORDE-MILAÀ.
Calvin, par M. BOSSERT.
Voltaire, par M. G. LANSON.
Molière, par M. G. LAFENESTRE.
Agrippa d'Aubigné, par M. S. ROCHEBLAVE.

Chaque volume, avec un portrait en héliogravure. . . . . 2 fr.

69-11. — Coulommiers, Imp. PAUL BRODARD. — P8-11.

JEAN RACINE

Reproduction de l'esquisse dessinée par son fils aîné
sur la couverture d'un volume appartenant à la Bibliothèque nationale
(Réserve Y 1030 — Aa in-8°)

LES GRANDS ÉCRIVAINS FRANÇAIS

RACINE

PAR

GUSTAVE LARROUMET

MEMBRE DE L'INSTITUT

QUATRIÈME ÉDITION

PARIS
LIBRAIRIE HACHETTE ET Cie
79, BOULEVARD SAINT-GERMAIN, 79

1911

RACINE

PREMIÈRE PARTIE

LA VIE

CHAPITRE I

ENFANCE ET JEUNESSE. — PREMIÈRES TRAGÉDIES.

De sensibilité très vive et de conscience délicate, impatient des critiques et docile aux conseils, éducable et perfectible, facile à encourager et à dégoûter, capable d'abandonner le théâtre par impatience de la lutte et scrupule de conscience, comme d'y revenir pour plaire à ses protecteurs, Racine a profondément subi l'influence de son éducation, de ses passions, de ses amitiés, de sa vie privée et sociale. Les sentiments qu'il a exprimés viennent en partie de ceux qu'il a éprouvés. Sa poétique doit beaucoup à sa foi. Aussi la connaissance de sa vie est-elle plus nécessaire que pour d'autres à l'intelligence de ses œuvres.

Jean Racine naquit à la Ferté-Milon, petite ville de l'Ile-de-France, dans le Valois, le 22 décembre 1639, ou, du moins, il fut baptisé ce jour-là, car si le baptême suivait alors la naissance de très près, il n'avait pas toujours lieu le même jour. Il était le premier enfant de Jean Racine, greffier du grenier à sel, et de Jeanne Sconin. Selon Brossette, il « ne faisoit pas façon de dire qu'il n'étoit pas d'une grande naissance ». Cela était vrai par rapport au rang que la faveur royale, plus encore que son génie, lui valut dans la société du temps. Cependant, sa famille appartenait au moins à la moyenne bourgeoisie. En outre, si l'anoblissement n'était pas rare, sous l'ancien régime, du moins marquait-il un degré assez élevé de l'échelle sociale. Or, les charges occupées par la famille de Racine lui conféraient ce privilège.

Elle avait, depuis déjà deux générations, des armoiries que le poète fit régler ainsi : « d'azur au cygne d'argent, becqué et membré de sable ». Elles n'offraient pas à l'origine cette simplicité et cette pureté qui conviennent si bien à l'harmonieux poète. On y voyait aussi un rat, et les deux animaux formaient un rébus. Ce rat plaisait au grand-père et choquait le petit-fils : « J'ai quelque souvenir, écrivait celui-ci, que notre grand-père avoit fait un procès à un peintre qui avoit peint les vitres de sa maison, à cause que ce peintre, au lieu d'un rat, avoit peint un sanglier. Je voudrois bien que ce fût en effet un sanglier, ou la hure d'un sanglier, qui fût à la place de ce vilain rat. » Le poète profita de l'enregistrement de ses armoiries, en 1697, pour faire supprimer « le vilain rat ». Cette répugnance est un trait de caractère. En art, Racine choisit et épure ; il écarte ce qui est vulgaire et bas. Il faisait de même pour tout ce qui le touchait.

On ne choisit pas sa famille et on ne devrait pas choisir ses armoiries. Mais, sauf ce rat, la destinée favorisait Racine dans son origine, sa condition et son pays. Il appartenait à la classe dont le siècle allait voir l'élévation sociale. C'était une bonne place pour observer, et il lui suffira de se pousser un peu au-dessus d'elle pour prendre sa part d'expérience personnelle. Du jour où il aura fait ses premières preuves de talent, il profitera du changement qui se produit dans la condition des écrivains, jusque-là domestiques des grands et désormais traités avec égard par le roi. Il fera partie de la cour. Il sera le familier de tout ce que le royaume compte de plus éminent. Tournant en acquisition définitive et richesse foncière les résultats de l'observation et de l'expérience, il ne cessera de se développer.

Le coin de l'Ile-de-France où Racine allait passer sa première jeunesse, offre un caractère de vigueur élégante. La Ferté-Milon s'élève en amphithéâtre, au bord de l'Ourcq, sur une colline dont la façade ruinée d'un superbe château, bâti à la fin du XIVe siècle par Louis d'Orléans, couronne le sommet. Une muraille flanquée de tours, dont une partie subsiste encore, entourait la cité proprement dite, laissant en dehors de l'enceinte, le long de la rivière, le faubourg de la Pescherie ou de Saint-Vaast. C'est à l'entrée de ce faubourg, tout au bord de l'eau, que s'élevait la maison, détruite en 1865, où serait né le poète. S'il ne reste plus de cette maison qu'un élégant bas-relief de pierre, jadis placé au-dessus d'une cheminée et représentant le *Jugement de Pâris*, du moins le site n'a guère changé. L'Ourcq coule, limpide et lent, à travers une vaste prairie, où des peupliers superbes s'alignent en rangs pressés.

L'enfant grandit dans ce coin de verdure et de fraîcheur, au milieu des eaux et des ombrages qu'il devait aimer toute sa vie. Du jardin paternel, il voyait, au sommet de la colline, comme on la voit encore, l'immense courtine du château, démantelée depuis Henri IV et tendant sur le ciel comme une draperie trouée de lumière. Monté sur le plateau, par les ruelles escarpées qui enserrent une belle église de la Renaissance, il découvrait un vaste horizon : au loin, sur l'autre versant de la vallée, la forêt de Villers-Coterets; à ses pieds, une mer de verdure formée par les peupliers qui foisonnent dans la profonde vallée de l'Ourcq; partout, les bourgs et les châteaux blanchissant à travers le feuillage.

Sans être de ceux qui décrivent la nature pour la décrire et en font la confidente de leur âme, Racine la sentait vivement et la tournait en poésie, dans la mesure où ses sujets le demandaient. Il goûta si bien celle qui s'était reflétée dans ses yeux d'enfant que, transplanté dans le Midi, sous un ciel plus ardent et une lumière plus vive, devant des paysages plus vigoureux, il en sera moins charmé que choqué. Ainsi, un rapport originel existait entre l'enfant et son pays. Lorsque l'on visite aujourd'hui la petite ville où il est né, en songeant au poète qui y revint souvent et l'aima toujours, ce n'est pas un sacrifice aux procédés de la critique contemporaine que de trouver un accord entre ce séjour et ce génie. La vigueur sobre et l'harmonie du site ont leur analogie avec la poésie racinienne.

La mère du poète, Jeanne Sconin, mourait au mois de janvier 1641, en mettant au monde une fille, Marie. Remarié en 1642, le père mourait, à son tour, trois mois après ce second mariage, le 6 février 1643. Ainsi Racine restait orphelin à moins de quatre ans, avec sa jeune sœur. Il n'eut aucun rapport avec sa belle-mère, Madeleine Vol, remariée trois ans après. Les deux enfants furent recueillis par leurs grands-parents. C'étaient, du côté paternel, Jean Racine, contrôleur du grenier à sel, et sa femme, Marie des Moulins; du côté maternel, Pierre Sconin, président du grenier à sel. Il semble que le frère resta dans la maison de Jean Racine et de Marie des Moulins, tandis que la sœur était élevée par Pierre Sconin; arrangement tout naturel : le garçon allant du côté du père, la fille du côté de la mère.

On ne sait à peu près rien du grand-père, Jean Racine; il mourut en 1649, et son petit-fils n'en parle point. En revanche, la grand'mère, Marie des Moulins, fut pour l'enfant une seconde mère et lui inspira l'affection la plus reconnaissante. Racine écrivait à sa sœur, le 23 juillet 1663 : « Lorsque j'ai un moment de loisir, je vais à Port-Royal, où ma mère est maintenant. Elle est malade à l'extrémité, et il n'y a pas d'apparence qu'elle en revienne. Je ne vous saurois dire combien j'en suis affligé, et il faudroit que je fusse le plus ingrat du monde, si je n'aimois une mère qui m'a été si bonne, et qui a eu plus de soin de moi que de ses propres enfants. » Marie des Moulins meurt le 12 août suivant, et Racine se sent si désemparé qu'il se retourne vers son grand-père maternel : « Je vous supplie de lui dire que je mets toute ma confiance et tout mon recours à lui, et que j'aurai toujours pour lui toute l'obéissance et l'affection que j'aurois pu avoir pour mon propre père. » C'est là un cri de détresse plus que d'espérance. En effet, les Sconin inspiraient peu de sympathie à Racine, sauf l'un d'eux, chez lequel nous le verrons bientôt, à Uzès. C'est de celui-ci, exception unique, qu'il écrivait à Nicolas Vitart, son cousin du côté paternel : « Il est tout à fait bon, je vous assure, et je crois que c'est le seul de sa famille qui a l'âme tendre et généreuse ; car ce sont tous de francs rustes (rustres). Otez le père, qui en tient pourtant sa part. »

Même du côté de sa sœur, Racine ne semble pas avoir trouvé dès l'enfance une affection égale et sûre. Plus tard, après la mort de Pierre Sconin et le mariage de cette sœur, les rapports du poète avec elle prirent un caractère de solidité calme, mais ils avaient commencé par être précaires et troublés. Peut-être que, vivant chacun dans une partie de la famille où ils trouvaient de l'antipathie pour l'autre, les deux enfants avaient subi cette influence fâcheuse.

En attendant, Racine pouvait se reposer sur l'affection de sa grand'mère : à elle seule, elle était devenue toute sa protection domestique. En 1649, après son veuvage, Marie des Moulins s'était retirée à Port-Royal-des-Champs. Humble et dévouée, « la pauvre madame Racine » s'y employait de son mieux à servir la communauté, malgré les tracasseries qu'elle éprouvait de quelques hôtes de la maison, religieuses ou valets. On imagine la détresse morale de la vieille grand'mère, dans cette situation de pieuse domesticité. Elle va être séparée de son petit-fils pendant des années, car, après son départ de la Ferté-Milon, il sera envoyé au collège, à Beauvais, et il ne viendra la rejoindre qu'en 1655. Lorsqu'ils se retrouveront, quel élan de joie mutuelle, tempéré par la retenue en toutes choses et l'esprit de renoncement qui étaient la règle de la maison! Mais une aïeule est toujours une aïeule, même à Port-Royal. On songe aux rares paroles que Marie des Moulins échangeait avec Racine adolescent, et aux regards dont elle le suivait dans les cours et les jardins du monastère.

La tendresse est un don de la nature, mais elle se développe par la souffrance. A sa famille et aux circonstances de sa première jeunesse, à son besoin d'affection favorisé ou contrarié, aux deuils et aux séparations, à l'affection douloureuse que lui témoignaient les uns, à la sécheresse égoïste qu'il rencontrait chez les autres, Racine dut en partie cette profondeur de sensibilité qui, dans la vie, lui fit verser tant de larmes et, dans l'art, lui donna la faculté de l'émotion à un degré unique de son temps.

La famille de Racine avait d'anciennes relations avec Port-Royal. Quelques mois avant la naissance du poète, en 1638, plusieurs des solitaires, Lancelot, Singlin, Antoine Le Maître et Séricourt, chassés du monastère, étaient venus chercher un asile à la Ferté-Milon, dans la famille Vitart, dont un enfant était, aux Petites Écoles, l'élève de Lancelot. Le père de cet enfant, Nicolas Vitart, contrôleur du grenier à sel, était, par sa femme, Claude des Moulins, sœur de Marie, allié à la famille Racine. Une autre sœur de Claude et de Marie, Suzanne, avait fait profession à Port-Royal. Le séjour des solitaires à la Ferté-Milon ne pouvait que resserrer ces liens. Ils devinrent de plus en plus étroits, grâce à la mère Agnès Racine, fille de Marie des Moulins et tante du poète, une des grandes abbesses de Port-Royal.

Son grand-père mort et sa grand-mère retirée à Port-Royal, Racine pouvait d'autant moins rester à la Ferté-Milon que la petite ville n'offrait pas les ressources nécessaires à ses études. La famille fit choix, dans le voisinage, du collège établi à Beauvais. Il était alors en grande prospérité, et, grâce à la tutelle d'un évêque ami des solitaires, Choart de Buzanval, il professait pour les doctrines de Port-Royal un zèle qui donnait toutes garanties à une famille janséniste. Wallon de Beaupuis, « avec Lancelot, dit Sainte-Beuve, le plus considérable et le plus essentiel des maîtres de Port-Royal », était de Beauvais et avait fait ses études au collège de sa ville natale. Il est donc probable que les méthodes des Petites Écoles avaient leur influence sur l'enseignement de Beauvais. Racine resta au collège de Beauvais environ quatre ans, de 1651 à 1655. Le seul souvenir précis qui se rattache à ce séjour est celui d'une blessure légère qu'il y reçut dans une bataille d'enfants, à l'occasion des troubles de la Fronde.

Au mois d'octobre 1655, il était appelé à Port-Royal. C'était une grande faveur, gratuite sans doute, car la médiocre fortune de sa famille ne devait guère permettre le paiement des cinq cents livres auxquelles était fixée la pension des Petites Écoles. Il était admis dans une élite de jeunes gens recrutés depuis la noblesse jusqu'aux « honnêtes marchands ». En outre, il allait avoir seize ans, et la règle était de ne recevoir les élèves que tout jeunes, de neuf à dix ans au plus, afin que l'éducation pût s'exercer sur des natures intactes.

L'institution des Petites Écoles remontait au fondateur du jansénisme, l'abbé de Saint-Cyran. Provoquée par l'idée mère de la doctrine, — d'après laquelle la nature humaine, foncièrement mauvaise, surtout chez l'enfant, ne peut tendre au salut et mériter la grâce divine que par la discipline morale, — elle avait pour but de préparer à l'effort vers le bien, qui doit être le but de la vie. Sans hostilité affichée, ou même avec toutes les formes extérieures du respect, elle prenait le contre-pied des méthodes suivies par l'Université et les Jésuites. Le titre de Petites Écoles avait beau signifier qu'elles se bornaient aux premiers éléments, en fait elles donnaient une éducation complète.

Tandis que les collèges réunissaient le plus grand nombre possible d'élèves et les groupaient en classes très peuplées, sous un enseignement uniforme, le chiffre des élèves de Port-Royal n'a jamais dépassé cinquante. Chaque maître n'avait pas plus de six élèves et s'efforçait d'adapter à la nature de chacun les principes communs de l'éducation. Dans les collèges, la crainte et la rivalité étaient les moyens d'obtenir l'obéissance et le travail; aux Petites Écoles, les enfants étaient conduits par la charité et la douceur; ils n'entendaient jamais parler de coups ni de verges; le seul désir de mériter l'approbation de leurs maîtres les excitait à bien faire. Tandis que les collégiens affectaient une familiarité brutale, les élèves de Port-Royal étaient habitués à « se prévenir d'honneur les uns les autres » et à ne se tutoyer jamais. En tout, les solitaires s'efforçaient de reproduire l'image épurée de la maison paternelle.

Pour l'enseignement, Port-Royal renonçait aux routines pédantes et raisonnait toutes les études. Au lieu des procédés barbares sur lesquels l'Université vivait encore, il remontait directement aux sources. Il réduisait la grammaire et la logique à des principes simples et clairs; il faisait connaître les textes par un commerce assidu. Le grec, après la grande ferveur des humanistes au siècle précédent, avait à peu près disparu des collèges; Port-Royal en faisait pour ses élèves, au rapport de Wallon de Beaupuis, « le principal objet de leurs occupations pendant trois ou quatre années », et, de la sorte, il les introduisait « jusque dans le fond de la Grèce, par des routes qui n'étoient alors nullement connues ».

Une telle éducation et un tel enseignement s'accordaient de la plus heureuse manière avec la nature de Racine. Le jeune homme était tendre et délicat;

sa finesse et son besoin d'aimer se développaient sous la douceur et le tact de maîtres que la fermeté morale et l'élévation du but visé préservaient de toute mollesse. A l'école de ces psychologues et de ces moralistes, si sérieusement occupés à connaître les faiblesses de l'homme pour y remédier, il apprenait à pénétrer les secrets du cœur. Comme la sensibilité, il avait reçu ce don en naissant, mais tout, à Port-Royal, tendait à le développer. Il s'imprégnait de la doctrine maîtresse du jansénisme, l'impossibilité pour l'homme d'arriver au bien par ses propres forces et la nécessité de la grâce divine, qu'il doit s'efforcer de mériter, sans la certitude de l'obtenir. On lui enseignait que les passions triomphent avec une facilité effrayante de la volonté humaine et qu'elles vont jusqu'au bout d'elles-mêmes, avec une logique irrésistible, si le secours de Dieu ne les arrête pas.

Surtout il apprenait à apprendre, et, plus tard, appliquant les principes reçus à Port-Royal, il compléta son éducation en se donnant les connaissances dont témoignent ses œuvres, sa correspondance, ceux de ses livres qui nous ont été conservés avec ses annotations, le catalogue de sa bibliothèque. Il connut à fond les livres saints et les deux antiquités. Avec Bossuet, il est celui de nos grands écrivains qui doit le plus à la Bible. Grâce à elle, il osa enfreindre le principe étroit de Boileau sur les sujets chrétiens et donner un pendant à *Polyeucte*. Il comprit et aima la Grèce, à peu près ignorée de son temps. La partie la plus originale et la plus belle de son théâtre, avec ses deux pièces bibliques, est celle qui prend son point de départ dans l'antiquité grecque. Au contact de la Grèce, ce génie de lumière et de raison, de simplicité et d'aisance, prit conscience de lui-même en se comparant.

Au moment où Racine arrivait à Port-Royal, l'école établie à la ferme des Granges venait d'être dispersée. Il est donc probable qu'il vécut dans le monastère même, ou tout auprès, à Vaumurier, sous la direction particulière de M. Le Maître et de M. Hamon. Son âge et ses liens de famille avec la communauté, la douceur et la tendresse de son caractère, lui valaient des soins particulièrement affectueux. Il est resté de M. Le Maître une lettre touchante portant comme adresse « pour le petit Racine », et qui se termine ainsi : « Bonjour, mon cher fils; aimez toujours votre papa comme il vous aime. » On possède encore l'exemplaire de la Bible qu'il lui avait légué, couvert de notes. Avec Nicole et Lancelot, Racine étudiait les littératures grecque et latine, la logique et la morale. L'excellence de l'enseignement donné par ces deux maîtres est connue par leurs livres et, notamment, par les célèbres *Méthodes de Port-Royal*. Mais, s'ils n'avaient rien publié, il suffirait de ce que nous montre Racine pour apprécier à sa valeur cet enseignement et les habitudes de travail personnel qu'il donnait pour toujours.

Entre leurs mains, en effet, Racine devint un humaniste consommé. Chez lui la science philologique et le sens littéraire étaient formés de concert. Il lisait dans le texte les auteurs grecs les plus difficiles et les couvrait de remarques personnelles. Il continua longtemps ce genre de travail. On y voit à quel point le besoin de la précision et de la justesse avait été éveillé en lui. Il s'attache à serrer de près le sens des textes, et, quoiqu'il use sobrement des formules admiratives, il indique les beautés avec une grande justesse. Il est peu d'auteurs anciens de quelque importance qui ne figurent dans sa bibliothèque, les uns achetés, quand il était pauvre, en éditions vulgaires, les autres en éditions savantes, voire luxueuses, lorsque sa fortune lui permit de satisfaire son goût pour les beaux livres.

Port-Royal se préoccupait d'écarter des yeux de ses élèves tout ce qui offrait un danger pour la morale. Cependant le choix des textes était singulièrement large ; il admettait des auteurs qui ont été longtemps éloignés des classes, ainsi les comédies de Térence. Racine était plus avancé en âge que ses compagnons d'études ; son intelligence était exceptionnelle, et ses maîtres croyaient pouvoir compter sur la solidité de ses principes moraux. Il est donc probable que le cercle des études habituelles s'élargissait pour lui. Au rapport de son ami Valincour, « les tragédies de Sophocle et d'Euripide l'enchantèrent à un tel point qu'il passoit les journées à les lire et à les apprendre par cœur, dans les bois qui sont autour de l'étang de Port-Royal ». Louis Racine a conservé le souvenir, devenu célèbre, d'une espièglerie dont peu d'écoliers seraient capables : « Il trouva par hasard le roman grec des amours de Théagène et de Chariclée. Il le dévoroit, lorsque le sacristain Claude Lancelot, qui le surprit dans cette lecture, lui arracha le livre et le jeta au feu. Il trouva moyen d'en avoir un autre exemplaire, qui eut le même sort, et qui l'engagea à en acheter un troisième ; et, pour n'en plus craindre la proscription, il l'apprit par cœur, et le porta au sacristain en lui disant : Vous pouvez brûler encore celui-ci comme les autres. »

Quoique Port-Royal n'accordât pas aux vers latins la large place que leur donnaient les Jésuites, Racine en composait avec succès. Il reste de lui une élégie latine, *Ad Christum*, où perce quelque chose de la plainte touchante qui inspirera les chœurs d'*Esther* et d'*Athalie*. Mais il s'exerce déjà dans la poésie française, et l'on voit, au grand nombre de ses essais en ce genre, où le portaient de bonne heure ses préférences. Il commençait une traduction de quelques hymnes du bréviaire romain, qu'il reprendra plus tard pour la perfectionner. Il composait des odes descriptives sur le paysage de Port-Royal.

Le caractère du site l'avait beaucoup frappé. C'est, proche de Versailles et de Chevreuse, un vallon solitaire entouré de bois, jadis très épais, parmi lesquels pointaient les clochers de rares villages. Au fond, un étang aujourd'hui desséché étendait sa nappe stagnante. Dans la langue du temps, Port-Royal était « affreux et sauvage »; pour les solitaires eux-mêmes, c'était « le désert ». En réalité ou, du moins, pour notre goût formé par le romantisme, c'est un site agréable d'où se dégage une impression de sérénité mélancolique, mais où l'on n'éprouve pas l'impression pénible qu'il causait aux admirateurs de Versailles.

Racine, lui, en a surtout goûté le charme. L'apprenti poète n'a pas consacré moins de sept odes à la « Promenade de Port-Royal des Champs ». Il y a, dans ces odes, beaucoup de convention, sous une facilité coulante. La forme en est molle et l'élégance banale. A peine si deux ou trois strophes, assez ingénieuses, rappellent les tours de force descriptifs en faveur au temps de Louis XIII. Mais sous cette banalité perce une admiration sincère pour les beautés naturelles. On trouve plus de promesses poétiques dans les traductions du bréviaire romain. Soutenu par la fermeté du texte, Racine se montre déjà versificateur habile, et, en quelques passages, il rend au vieux latin une charmante fraîcheur.

Mais, si le caractère du jeune homme est aimant et docile, si la pureté de ses sentiments et sa vénération pour ses maîtres font songer à Eliacin, cette physionomie d'enfant de chœur n'est qu'une part de sa nature. Nous avons vu Racine espiègle avec Lancelot. Pas plus qu'il ne consulte ses maîtres sur toutes ses lectures, il ne leur découvre toutes ses pensées. Les solitaires auraient frémi, s'ils avaient pu discerner tout ce qui germait dans cette âme. Déjà sa tendresse rêvait à d'autres objets que Dieu, et l'éveil de son instinct poétique se tournait vers d'autres exercices que la célébration des « saintes demeures du silence ». Il regardait vers le monde et entretenait avec un de ses cousins, Antoine Vitart, qui faisait sa philosophie au collège d'Harcourt, à Paris, un commerce de lettres, mêlées de prose et de vers, dont le ton n'avait rien de dévot. C'est que sa nature était déjà fort complexe. A côté du cœur tendre veillait un esprit railleur, et cette haute intelligence réservait une place au bel esprit. L'histoire de Racine présente le conflit de ces divers penchants. Leurs effets tantôt s'accordent et tantôt se combattent, jusqu'à ce que, après une production de chefs-d'œuvre exquis et puissants, au sein desquels la finesse piquante et quelque faux goût auront conservé leur place, l'amour de Dieu l'emporte définitivement.

Au mois d'octobre 1658, après trois ans de séjour, Racine, âgé de dix-neuf ans, quittait Port-Royal pour rejoindre son cousin Antoine Vitart au collège d'Harcourt et y faire à son tour sa philosophie. Ce collège était encore une maison amie de Port-Royal : il aurait abrité l'impression clandestine des *Lettres provinciales*. Peut-être, à ce moment, Racine songeait-il à se tourner vers le barreau. M. Le Maître l'y aurait poussé et lui aurait donné des leçons de diction, développant ainsi un talent que son élève mettra plus tard au service de Mlles du Parc et Champmeslé. Cette intention ne dura pas, car, sa logique terminée, nous trouvons le jeune homme désœuvré et cherchant sa voie.

Il est, semble-t-il, confié aux soins d'un de ses cousins Vitart, Nicolas, frère aîné d'Antoine, riche, marié et intendant du duc de Luynes. Il éprouve beaucoup d'amitié pour ce cousin, une amitié confiante et sans contrainte. Il loge à part et choisit librement ses compagnons. Le plus intime de ceux-ci, l'abbé Le Vasseur, n'a rien d'ecclésiastique dans le caractère, ni la conduite. Cet abbé est entêté de poésie légère et de galanterie. Il a toujours quelque amour en tête, et la correspondance de Racine avec lui est pleine d'allusion à ces intrigues. Racine lui écrit lettres sur lettres, dès qu'il est séparé de lui. Il le consulte sur ses essais poétiques, car il rime déjà beaucoup, et sur un premier projet de pièce, qui paraît emprunté aux *Amours* d'Ovide. Il a un autre ami intime en la personne de La Fontaine, son aîné de dix-huit ans, mais, de tous les hommes, le moins capable de tourner la supériorité de l'âge en autorité morale. La Fontaine, né à Château-Thierry, n'était pas seulement tout voisin de Racine par son origine; il était son allié par son mariage avec Mlle Héricart, apparentée à la famille Sconin. La Fontaine va publier ses *Contes* dans quatre ans; certainement, avec ses habitudes, il en a déjà composé la plus grande partie, et il a dû les communiquer à ses amis. Plus tard, d'Uzès, Racine lui rappellera qu'à Paris il a « été loup avec lui et avec les autres loups ses confrères ».

Outre ces amitiés libres ou inquiétantes, Racine a des fréquentations tout à fait dangereuses et qui, aussitôt connues, provoqueront à Port-Royal terreur et colère. Il est en rapport avec des comédiens de la troupe du Marais, La Roque et Mlle Roste. En leur promettant de beaux rôles, selon l'usage, il les intéresse à sa première pièce, — qui ne devait jamais être jouée ni autrement connue que par les mentions contenues dans la correspondance avec l'abbé Le Vasseur. En même temps, usant d'un double jeu qu'il renouvellera dans la suite avec plus de succès, il sollicite pour la même pièce, ou une autre du même genre, Mlle Beauchâteau, de l'Hôtel de Bourgogne.

Par l'esprit, sinon par le cœur, il est déjà si détaché de Port-Royal qu'il plaisante, à propos d'événements aussi considérables pour le monastère que le départ forcé de M. Singlin, la nomination d'un supérieur imposé et la dispersion des solitaires. On sent déjà, dans cette légèreté railleuse ou indifférente, une indépendance de cœur qui annonce les fameuses lettres à Nicole.

Enfin, il laisse courir un sonnet, aujourd'hui perdu, à la louange de Mazarin. C'est le premier éclat aux yeux de Port-Royal, qui lui adresse « lettres sur lettres, ou, pour mieux dire, excommunications sur excommunications ». Le jeune poète ne s'en émeut guère, et, en 1660, il fait imprimer une ode, la *Nymphe de la Seine*, sur le mariage de Louis XIV avec Marie-Thérèse. Il l'a soumise à Chapelain et à Perrault, qui l'ont approuvée, surtout Chapelain, qui l'a trouvée « fort belle et fort poétique ». Au vrai, elle suit avec une correction banale les règles d'un genre faux, la flatterie fade et la galanterie froide, sous forme de fiction mythologique. Il n'y a de racinien que la fluidité et l'harmonie.

La pièce plut et, sur la recommandation de Chapelain, Colbert envoya cent louis au poète. Peu après, il le couchait sur l'état pour une pension de six cents livres, « en qualité d'homme de lettres ». Cette fois, aux yeux de Port-Royal, le scandale était public. L'enfant qui avait fait naître tant d'espérances devenait une pierre de scandale.

Peut-être était-il encore temps de le sauver en le dépaysant. Quelques mois après la publication de son ode, nous le trouvons à Chevreuse, où il se considère comme exilé et captif, car il date sa lettre de « Babylone ». Pour lui donner une occupation, son cousin Vitart l'avait chargé de surveiller des réparations faites au château que possédait le duc de Luynes. Le remède fait peu d'effet, car le jeune poète plaisante sur lui-même, d'un ton peu contrit : « Je veux, écrit-il, vous montrer que je passe fort bien mon temps. Je vais au cabaret deux ou trois fois par jour... Je lis des vers, je tâche d'en faire. Je lis les aventures d'Arioste, et je ne suis pas moi-même sans aventure. » Et il en raconte une, assez innocente, du reste.

Il fallait donc l'envoyer beaucoup plus loin des fréquentations dangereuses. Un frère de sa mère, Antoine Sconin, était vicaire général d'Uzès. Cet oncle appelait le jeune homme auprès de lui, dans l'intention de lui faire obtenir un bénéfice, après l'avoir préparé à recevoir les ordres. Racine se laissait faire. Sa vocation poétique n'était pas encore de celles qui se rompent avec douleur. Il fallait songer à l'avenir, et les lettres n'étaient pas une carrière. L'Église, au contraire, assurait l'existence et pouvait se concilier avec tout.

Comme les Français de son temps, Racine n'était guère curieux des pays étrangers. Plus tard, nommé trésorier de France à Moulins, il semble qu'il n'y soit jamais allé. Uzès fut son plus long voyage. En Languedoc, il sut voir ce qu'il avait devant les yeux, mais l'homme du Nord ne fut aucunement entamé par le Midi. Devant cette nature et ce climat, ces mœurs et ce langage, le caractère tranché des êtres et des choses, il conserva les goûts et les sentiments de l'Ile-de-France, c'est-à-dire le besoin de la mesure, une réserve doucement ironique et, par-dessus tout, la crainte, en entendant le « patois » languedocien, de perdre la fleur de son français. Il était prompt à subir l'influence des milieux, mais seulement de ceux avec lesquels il avait une affinité naturelle. Il fut d'autant plus réfractaire à celui-ci que tout, en Languedoc, était l'opposé des paysages, des mœurs et des sentiments au milieu desquels il avait grandi. L'intérêt des nombreuses lettres qu'il écrivit d'Uzès, pendant un séjour d'au moins un an, consiste en grande partie dans les jugements par lesquels ce « Français » témoigne une antipathie discrète, mais profonde, pour un pays et une race avec lesquels il ne se sent rien de commun.

Racine était arrivé à Uzès au commencement de novembre 1661. On y montre encore le logis qu'il aurait habité : c'est une ancienne tour de l'enceinte, aménagée en pavillon au milieu d'un parc qui faisait suite au palais épiscopal. La chambre voûtée qui en est la principale pièce, et où de grossières fresques à l'italienne rappellent aujourd'hui le séjour du poète, devait être une habitation fort agréable. Elle ouvre sur un balcon qui domine une riante vallée, la vallée de l'Eure, au milieu de laquelle caquète un vieux moulin et que cerne un cirque de collines arides, contrastant avec la fraîche verdure du fond. Un énorme micocoulier, plusieurs fois centenaire, ombrage le pavillon. Au-dessous s'étendent des champs parsemés d'oliviers; plus bas l'ancien parc épiscopal couvre la pente. On y voit un salon d'été taillé dans le roc et un ermitage à fenêtres ogivales, des allées tournantes, un énorme rocher en forme de pyramide, et, au bord de l'Eure, un beau châtelet gothique. Derrière le pavillon, c'était la ville, serrée dans sa vieille enceinte, au-dessus de laquelle s'élevaient la masse crénelée du château ducal et le clocher, moitié sarrazin, moitié roman, de la cathédrale. L'ensemble est aussi tranché que le site de la Ferté-Milon est mesuré.

De tout cela, Racine n'a rien mis dans ses lettres. Malgré la bonté de son oncle, il se trouvait exilé et captif à Uzès, plus encore qu'à Chevreuse. Il se compare à Ovide chez les Scythes. Il se lamente discrètement. C'est par là qu'il commence et qu'il continue. Le retour lui sera une délivrance. Il engage un commerce assidu de lettres avec son cher abbé Le Vasseur, La Fontaine, le ménage Vitart, sa sœur Marie. Il accueille leurs réponses avec des cris de joie.

Sa première lettre est pour La Fontaine. Il lui décrit son séjour, d'un trait et sans enthousiasme : « Pour la situation d'Uzès, vous saurez qu'elle est sur une montagne fort haute, et cette montagne n'est qu'un rocher continuel : si bien qu'en quelque temps qu'il fasse, on peut aller à pied sec autour de la ville. » Il apprécie davantage la douceur du climat en hiver. Il écrit à son cousin Vitart : « Les plus beaux jours que vous donne le printemps ne valent pas ceux que l'hiver nous laisse, et jamais le mois de mai ne vous paraît si agréable que l'est ici le mois de janvier. » Dans son admiration, la prose ne lui suffit plus, et il emploie les vers, des vers faciles et sans couleur, mais qui se terminent par celui-ci, vraiment digne d'un poète :

> Et nous avons des nuits plus belles que vos jours.

Quand vient l'été, le ton change. L'homme du Nord souffre beaucoup de cette chaleur « de four allumé », et le chant des cigales, « le plus importun et le plus perçant du monde », l'étourdit.

Avec La Fontaine, aussitôt arrivé, il avait abordé un sujet qui s'imposait avec un tel correspondant : « Si le pays de soi avoit un peu plus de délicatesse, et que les rochers y fussent un peu moins fréquents, on le prendroit pour un vrai pays de Cythère. Toutes les femmes y sont éclatantes et s'y ajustent d'une façon qui leur est la plus naturelle du monde ; et, pour ce qui est de leur personne,

> « *Color verus, corpus solidum et succi plenum.* »

Il a pris cependant de sages résolutions : « Ce seroit, écrivait-il encore à La Fontaine, profaner une maison de bénéficier, comme celle où je suis, que d'y faire de longs discours sur cette matière. *Domus mea, domus orationis*... On m'a dit : « Soyez aveugle. » Si je ne le puis être tout à fait, il faut du moins que je sois muet. » A l'en croire, la seule bonne fortune qu'il ait eue a été fort innocente, et il fait cette déclaration : « Dieu merci, je suis libre encore, et si je quittois ce pays, je reporterois mon cœur aussi sain et aussi entier que je l'ai apporté. »

Il s'efforce en conscience de préparer sa vocation. On aurait bien voulu attirer dans les belles compagnies ce poète honoré par le suffrage de M. Chapelain et une gratification de M. Colbert. Il se défend par son ignorance du langage local et se plonge dans l'étude de la théologie.

La conviction, à vrai dire, manque un peu. Il fait ce qu'il faut faire, mais il est fort éloigné de l'esprit dévot. Il dit, à propos de ses parents, engagés avec Port-Royal : « Que puis-je leur mander? C'est bien assez de faire ici l'hypocrite sans le faire encore à Paris par lettres; car j'appelle hypocrisie d'écrire des lettres où il ne faut parler que de dévotion, et ne faire autre chose que se recommander aux prières. Ce n'est pas que je n'en aie bon besoin; mais je voudrois qu'on en fît pour moi sans être obligé d'en tant demander. » Il voit de près les moines; il les trouve aussi sots qu'ignorants, et il en a horreur.

Tout en étudiant la théologie, il ne renonce pas à la littérature. Il continue ses lectures approfondies en grec et en latin; il étudie l'espagnol et l'italien. La seconde de ces deux langues, surtout, la langue des beaux-esprits, lui est déjà familière, comme on le voit à ses lettres, émaillées de citations d'après l'Arioste. Il « cherche quelque sujet de théâtre. »

Aussi, tout en n'aimant ni le pays, ni la race, il observe déjà les passions. Sa modération d'homme du Nord se tient en garde contre l'exagération des sentiments, qui est tantôt la comédie et tantôt le drame du Midi, mais il a su voir combien l'amour y est pris au sérieux : « En ce pays-ci, dit-il, on ne voit guère d'amours médiocres. » Il raconte en quelques mots un drame saisissant. Le séjour d'Uzès ne lui a peut-être pas été inutile en lui montrant la passion « portée au dernier excès ».

Un jour il fait un petit voyage à Nîmes. Il dépeint la ville et ses plaisirs en quelques traits vifs et courts. Un romantique, à la vue des Arènes, aurait écrit des pages. Il se contente de dire : « C'est un grand amphithéâtre, un peu ovale, tout bâti de prodigieuses pierres, longues de deux toises, qui se tiennent là, depuis plus de seize cents ans, sans mortier et par leur seule pesanteur. Il est tout ouvert en dehors par de grandes arcades, et en dedans ce ne sont tout autour que de grands sièges de pierre, où tout le monde s'asseyait pour voir les combats des bêtes et des gladiateurs. » N'est-ce pas du même œil net et de la même main sûre que le poète de *Britannicus* et de *Bérénice*, dans la mesure de son art et de son sujet, indiquera le décor de la grandeur romaine?

Ces lettres d'Uzès sont la partie la plus vivante et la plus jeune de sa correspondance. Son caractère s'y montre, avec sa finesse, sa réserve, sa politesse, comme aussi sa complexité. Pour leur valeur littéraire, elle est grande. Plusieurs sont visiblement très soignées. Il suit le tour précieux, à la mode depuis Voiture. Avec un air constant d'élégance attentive et légèrement pincée, il change aisément de ton, selon ses correspondants, poète fleuri avec La Fontaine, quelque peu mauvais sujet avec l'abbé Le Vasseur, à moitié sérieux avec le cousin Vitart, d'une galanterie taquine avec Mme Vitart, familial et janséniste avec sa sœur Marie. Çà et là quelques touches, dans l'abbé de ruelles et le petit poète, font pressentir le grand écrivain.

Cependant, les affaires du futur bénéficier n'avancent pas du tout, malgré l'affection et la bonne volonté de l'oncle Sconin. Les intentions du vicaire général sont paralysées par l'égoïsme de l'évêque et l'avidité querelleuse des chanoines. Racine finit par perdre patience et retourne à Paris. Sa dernière lettre d'Uzès est du 25 juillet 1662.

Tout donne à croire qu'en revenant à Paris, le jeune homme avait changé ses projets d'avenir : s'il ne renonçait pas à être bénéficier, il ne serait pas prêtre. Il pourrait assurer son existence par l'Église, sans lui engager sa liberté. En quittant l'oncle Sconin, il ne perdait pas son appui. Grâce aux efforts du vicaire général, il obtenait bientôt un bénéfice simple, le prieuré de Sainte-Madeleine de l'Épinay, dans le diocèse d'Angers. Les difficultés suscitées au jeune prieur par ses concurrents lui valurent un procès, et les ennuis de ce procès nous vaudront les *Plaideurs*. Après ce prieuré, ou en même temps, Racine obtint encore ceux de Saint-Jacques de la Ferté et de Saint-Nicolas de Choisel. Il jouissait encore de l'un d'eux vers 1673, dans sa pleine carrière théâtrale. En conciliant de la sorte, et longtemps, le sacré et le profane, il profitait d'un abus général à cette époque, moins scrupuleux en cela que Boileau, qui, lui aussi, jouit quelque temps d'un bénéfice ecclésiastique, mais qui, devenu poète, en fit distribuer le profit aux pauvres. Racine et Boileau étaient l'un et l'autre de fort honnêtes gens, Racine avec plus de souplesse, Boileau avec plus de raideur.

A Paris, l'apprenti poète retrouvait son cousin Vitart, et même, pendant quelque temps, il logeait chez lui, à l'hôtel de Luynes. Il épiait l'occasion de se produire de nouveau, avec quelque pièce de circonstance. Au mois de juillet 1663, la mort de sa grand'mère, Marie des Moulins, détendait encore ses liens extérieurs avec Port-Royal; quant à son esprit et à son cœur, ils étaient à peu près émancipés. Un mois avant, il avait publié une ode *Sur la convalescence du Roi*, qui continuait à lui mériter l'intérêt de Chapelain. Elle ne vaut ni plus ni moins que la *Nymphe de la Seine*. Grâce à Chapelain, il avait été porté de nouveau, au début de 1663, sur l'état des pensions, pour huit cents livres; il le sera encore, en 1664, pour six cents, après une nouvelle pièce de circonstance, la *Renommée aux Muses*, où il n'oubliait pas « près d'Auguste un illustre Mécène », c'est-à-dire Colbert.

Cette mythologie adulatrice est celle de l'*Ode à Namur*. Elle n'était donc pas pour déplaire à Boileau. Racine et lui ne se connaissaient pas encore. D'après Louis Racine, c'est de la *Renommée aux Muses*, communiquée à Boileau par l'abbé Le Vasseur, que daterait l'amitié des deux poètes. Entre Chapelain et Boileau, il fallait choisir. Racine n'hésita pas, et de Chapelain il ne s'occupera plus que pour s'en moquer entre amis.

En même temps, il était remarqué par le comte de Saint-Aignan et, par lui sans doute, avait accès à la cour. Il y rencontrait Molière, qui paraît pour la première fois à ce propos dans l'histoire de Racine. Celui-ci écrivait à l'abbé Le Vasseur, en novembre 1663 : « J'ai trouvé (au lever) Molière, à qui le Roi a donné assez de louanges, et j'en ai été bien aise pour lui : il a été bien aise aussi que j'y fusse présent. » D'après une tradition généralement acceptée, mais peu sûre, car elle n'a pour garant que Grimarest, biographe souvent hasardeux, c'est Molière qui aurait indiqué à Racine le sujet de sa première tragédie, *la Thébaïde, ou les Frères ennemis*, en lui promettant de la jouer, après lui avoir refusé une *Théagène et Chariclée*, inspirée par le cher roman de Port-Royal. Il lui en aurait même tracé le plan. Il semble plus probable que la pièce était commencée dès Uzès. En tout cas, Racine, qui nomme deux fois Molière dans ses lettres de cette époque, ne dit mot de cette collaboration, alors qu'il parle avec détail de son travail assidu pour terminer la *Thébaïde*. Selon Grimarest, Molière lui faisait faire sa pièce à raison d'un acte par semaine, et même retouchait largement son travail. Racine déclare au contraire, à ce moment, qu'il restait des « huit jours » sans voir Molière. Dans sa préface, il dit encore : « Quelques vers que j'avois fait tombèrent par hasard entre les mains de quelques personnes d'esprit. Ils m'excitèrent à faire une tragédie et me proposèrent le sujet de la *Thébaïde*. » Que Molière ait été de ces « personnes d'esprit », c'est fort probable, mais il n'en résulte pas qu'il ait imposé à Racine la collaboration despotique dont parle Grimarest. Surtout, rien n'autorise à tirer de là cette conclusion que Racine aurait appris le théâtre à l'école de Molière.

Pour les sentiments de Racine à l'égard de

Molière, ils étaient des plus calmes. On souhaiterait même un peu moins d'indifférence dans ce passage fameux : « Monfleury a fait une requête contre Molière et l'a donnée au Roi. Il l'accuse d'avoir épousé la fille et d'avoir autrefois été l'amant de la mère. Mais Monfleury n'est point écouté à la cour. » Encore faut-il adoucir la citation.

Enfin, au début, la *Thébaïde* ne devait pas être jouée sur le théâtre de Molière, mais à l'Hôtel de Bourgogne. Craignant d'être retardé à l'Hôtel, le poète finit par la donner à la troupe de Molière. Est-il vraisemblable qu'il eût fait accepter sa pièce à l'Hôtel avant de l'avoir écrite, et peut-on admettre que Molière ait collaboré à une pièce qui n'était point pour son théâtre?

La *Thébaïde* était représentée sur le théâtre du Palais-Royal, le 20 juin 1664. Avant cette date, un appel touchant était venu à Racine du côté de Port-Royal. Sa tante, la sœur Agnès de Sainte-Thècle, lui avait adressé cette mise en demeure :

Je vous écris dans l'amertume de mon cœur, et en versant des larmes que je voudrois pouvoir répandre en assez grande abondance devant Dieu pour obtenir de lui votre salut.... J'ai appris avec douleur que vous fréquentiez plus que jamais des gens dont le nom est abominable à toutes les personnes qui ont tant soit peu de piété, et avec raison, puisqu'on leur interdit l'entrée de l'église et la communion des fidèles, même à la mort, à moins qu'ils ne se reconnaissent. Jugez donc, mon cher neveu, dans quel état je puis être, puisque vous n'ignorez pas la tendresse que j'ai toujours eue pour vous, et que je n'ai jamais rien désiré, sinon que vous fussiez tout à Dieu dans quelque emploi honnête. Je vous conjure donc, mon cher neveu, d'avoir pitié de votre âme, et de rentrer dans votre cœur, pour y considérer sérieusement dans quel abîme vous vous êtes jeté. Je souhaite que ce qu'on m'a dit ne soit pas vrai; mais si vous êtes assez malheureux pour n'avoir pas rompu un commerce qui vous déshonore devant Dieu et devant les hommes, vous ne devez pas penser à nous venir voir.

Au point de vue de la stricte morale chrétienne, la sœur Agnès avait raison, et ce langage lui était un devoir. Mais une douleur poignante se mêlait au sentiment d'horreur éprouvé par la religieuse : on avait tant aimé « le petit Racine » à Port-Royal et on avait fondé sur lui de si pieuses espérances ! En outre, le scandale causé par le petit-fils de Marie des Moulins et le neveu de la sœur Agnès était une honte pour la maison.

La lettre de sa tante dut être pour le jeune homme un coup terrible, mais un de ces coups qui, en creusant un abîme, rendent les résolutions définitives, par l'impossibilité d'un accommodement. Racine s'engagea donc plus fortement dans « les fréquentations abominables », qu'au fond du cœur il jugeait telles, car la foi et la raison n'étaient pas mortes en lui : la jeunesse et de l'ambition en dominaient la voix, sans l'étouffer. Dans ce cœur, la sœur Agnès avait enfoncé un aiguillon qui n'en sortira plus et, le moment venu, lui fera retrouver la voie chrétienne.

En attendant, un nouvel avertissement de Port-Royal, qui ne partait plus d'une main sous laquelle le respect familial obligeait Racine à s'incliner sans répondre, provoquait de sa part une riposte sans ménagements. Nicole n'était ni un parent, ni une femme, ni une religieuse; ce n'était qu'un ancien maître. Un an et demi après la *Thébaïde*, le 4 décembre

1655, la représentation d'*Alexandre le Grand* avait confirmé aux yeux des solitaires la honte de leur élève. Au mois de janvier 1656, répondant à des Marets de Saint-Sorlin, auteur des *Visionnaires* et violent adversaire du jansénisme, Nicole écrivait : « Chacun sait que sa première profession a été de faire des romans et des pièces de théâtre..... Ces qualités, qui ne sont pas fort honorables au jugement des honnêtes gens, sont horribles étant considérées selon les principes de la religion chrétienne et les règles de l'Évangile. Un faiseur de romans et un poète de théâtre est un empoisonneur public, non des corps, mais des âmes des fidèles. » Racine se crut personnellement visé dans ce passage, et peut-être ne se trompait-il pas.

Cela explique, pour employer les expressions d'un ami de Port-Royal, que le « jeune poète se soit chargé de l'intérêt commun de tout le théâtre ». Il publia aussitôt, sans la signer, mais sans cacher qu'il en fût l'auteur, une courte lettre qui est un chef-d'œuvre de méchanceté et d'esprit. Les solitaires étaient aussi parfaits que des hommes peuvent l'être, mais c'étaient des hommes, et ils avaient leurs défauts. Racine les connaissait à fond, pour avoir vécu avec eux; il savait leurs endroits vulnérables. Jamais attaque excessive et lourde ne provoqua riposte plus mesurée de forme et plus terrible comme portée. Pour un coup de massue, le jeune polémiste rendait un coup de poignard.

La lettre de Racine fit grand bruit, et le public espéra que la belle bataille des *Provinciales* allait recommencer, aux dépens des jansénistes cette fois.

Port-Royal répliqua, faiblement, par la plume de Barbier d'Aucourt et de Du Bois. Aussitôt Racine de riposter à la riposte. Sa seconde lettre était encore plus vive et plus mordante que la première. Forme et fond, les deux lettres rappelaient Pascal et annonçaient Voltaire. Mais c'est toujours un triste rôle que celui de transfuge. Ici la désertion se serait aggravée d'ingratitude. Non seulement Racine ne devait, en aucun cas, passer aux ennemis de Port-Royal, mais rien ne pouvait l'affranchir de sa reconnaisance envers les solitaires. Les plaisanteries sur M. Le Maistre et sur la Mère Angélique devenaient odieuses dès qu'on savait les obligations de l'auteur envers ses victimes.

Et puis, aurait-il été libre que, sous la forme brillante de ses lettres, le fond serait resté faible. Tout polémiste ne montre qu'une part de la vérité, celle qui est favorable à sa cause, mais encore faut-il que cette part soit suffisante et que, au total, la cause qu'il défend ait pour elle la justice. Ces deux conditions se trouvent dans les *Provinciales;* elles manquent dans les *Lettres à l'auteur des Imaginaires.* Racine prenait la question par les petits côtés; il n'était pas toujours de bonne foi; surtout, il laissait en dehors du débat ce qui faisait la grandeur de Port-Royal, la haute question morale qui domine son histoire.

La seconde lettre ne fut pas publiée. Racine la lut à quelques amis, dont Boileau, qui, avec sa rude franchise, « lui représenta que cet ouvrage feroit honneur à son esprit, mais n'en feroit pas à son cœur ». Racine la remit donc en portefeuille, mais, quelque temps après, Nicole ayant inséré les réponses de Barbier d'Aucourt et de Du Bois dans une édition des *Imaginaires*, avec quelques lignes méprisantes pour l'auteur de la première lettre, Racine, fort susceptible, se préparait à faire imprimer la seconde, avec une préface de même esprit et de même style. L'honnête Boileau se mit encore en travers du projet : « Cela est fort joliment écrit, lui dit-il, mais vous ne songez pas que vous écrivez contre les plus honnêtes gens du monde. » « Cette parole, ajoute Jean-Baptiste Racine, le fils aîné du poète, fit aussitôt rentrer mon père en lui-même; il supprima sa seconde lettre et sa préface, et retira le plus qu'il put des exemplaires de la première. » Bien plus tard, après le retour de Racine aux idées jansénistes, un de ses ennemis, l'abbé Tallemant, lui reprocha un jour cette faute de jeunesse, en pleine Académie : « Oui, monsieur, lui répondit Racine, vous avez raison; c'est l'endroit le plus honteux de ma vie, et je donnerois tout mon sang pour l'effacer. » Ce repentir était sincère, mais Racine, s'il se privait du plaisir de la publication, était trop auteur pour détruire deux morceaux aussi bien venus. Il les avait serrés dans ses papiers, où ils furent retrouvés après sa mort.

La rupture avec Port-Royal allait durer dix ans. Pendant cette période, Racine semblera fort dégagé de Port-Royal. En réalité, il lui restera profondément attaché, et c'est l'esprit de Port-Royal qui dirigera l'exercice de son génie. Le plus haut degré de ce génie, avec *Phèdre*, marquera son rapport le plus étroit avec la doctrine des solitaires, assez étroit pour que, à ce moment, se voyant si près d'eux, Racine se jette dans leurs bras et ne se reprenne plus.

On vient de voir le rôle de conseiller joué par Boileau près de Racine dans la querelle avec Port-Royal. Depuis la première connaissance des deux poètes, leur liaison était devenue de plus en plus étroite. On verra quelle place tint Boileau dans le cœur de Racine et l'influence qu'il eut sur le développement de son génie. En attendant, jeunes et vifs tous deux, ils menaient une existence joyeuse et libre, avec plus d'espièglerie et de sensualité chez Racine, plus de tenue et de réserve chez Boileau. On peut lire, dans les papiers de Brossette, telle plaisanterie assez vive que Racine risquait envers son ami « chez une demoiselle » et la brusque manière dont la prenait Boileau, « très peu voluptueux », comme il le disait de lui-même. En même temps que Boileau, Racine fréquentait assidûment La Fontaine, avec lequel il s'était lié, comme on l'a vu, avant son départ pour Uzès, et Molière, mais pour peu de temps, car leurs rapports, commencés à l'occasion de la *Thébaïde*, vers la fin de 1663, cessèrent avec *Alexandre*, au commencement de 1665.

Boileau était l'âme et le lien de ce petit cercle : « Despréaux, raconte Titon du Tillet, loua pendant quelques années un appartement particulier à Paris, rue du Colombier, au faubourg Saint-Germain, où s'assembloient deux ou trois fois par semaine ces quatre excellents hommes. » Un tableau charmant de ces réunions nous a été laissé dans les *Amours de Psyché et de Cupidon*, par La Fontaine, qui leur donne pour cadre les jardins de Versailles. Les quatre amis sont allés y passer une belle journée d'été. Ils s'appellent Polyphile, Ariste, Acante et Gélaste. Polyphile est La Fontaine, qui « aimait toutes choses »; Ariste, Boileau, l'homme d'excellent jugement; Acante, Racine, et M. Paul Mesnard donne de ce surnom une explication aussi jolie que vraisemblable : il fait « songer à la plante élégante et flexible, *mollis acanthus*, dont les formes sont les plus délicates et les plus ornées que la sculpture ait choisies pour modèle, à cette plante qui parfois aussi a ses épines et sait piquer ». Quant à Gélaste, qui « était fort gai », il est toujours permis d'y voir Molière, — avec quelques traits qui conviendraient plutôt à Chapelle, — si l'on admet que, publiée en 1669, lorsque Racine et Molière étaient brouillés depuis quatre ans, *Psyché* avait pu être commencée beaucoup plus tôt.

C'est Acante qui a proposé, « selon sa coutume, une promenade en quelque lieu, hors de la ville, qui fût éloigné, et où peu de gens entrassent », car « il aimoit extrêmcnt les jardins, les fleurs, les ombrages ». Ces passions lui étaient communes avec Polyphile et « leur remplissoient le cœur d'une certaine tendresse, se répandoient jusqu'en leurs écrits et en formoient le principal caractère ». La conversation s'engage sur la comédie et la tragédie. Acante vante la douceur des larmes : « Nous pleurerons... La compassion a aussi ses charmes, qui ne sont pas moindres que ceux du rire; je tiens même qu'ils sont plus grands. » A un moment de la lecture vient cette exclamation : « Amants heureux, il n'y a que vous qui connaissiez le plaisir! » Sur ces mots, « Acante, se souvenant de quelque chose, fit un soupir ». Lorsqu'il faut songer au retour, Acante admire le soleil couchant et prie ses amis « de considérer ce gris de lin, ce couleur d'aurore, cet orangé, et surtout ce pourpre, qui environnent le roi des astres ».

Le récit de cette journée offre un mélange de sérieux et de gaieté, un air de bonne compagnie — quoique la verve de Gélaste soit un peu grosse — que l'on peut tenir pour le ton habituel de ces réunions. Ce ton devenait plus libre et plus vif lorsqu'à la société des quatre amis se joignaient des hommes de lettres, comme Chapelle le débraillé, et Furetière le caustique, de grands seigneurs comme le duc de Vivonne et le chevalier de Nantouillet, des officiers comme M. Poignant et M. d'Espagne, de futurs prélats, comme M. de Bernage. En ce cas, le rendez-vous n'était pas chez Boileau, mais au cabaret : au *Mouton blanc*, à la *Pomme de pin*, à la *Croix de Lorraine*. On verra bientôt que l'idée des *Plaideurs* naquit au *Mouton blanc*. « Le poème de la *Pucelle*, de Chapelain, raconte Louis Racine, étoit sur une table, et on régloit le nombre de vers que devoit dire un coupable sur la qualité de sa faute. Elle étoit fort grave quand il étoit condamné à en lire vingt vers; et l'arrêt qui condamnoit à lire la page entière étoit l'arrêt de mort. » C'est au *Mouton blanc* que Racine contribua pour sa part à la plaisanterie du *Chapelain décoiffé*. Racine était l'obligé de Chapelain, mais pouvait-il témoigner de la reconnaissance et du respect à un si mauvais poète, après avoir rompu avec Port-Royal par amour de la poésie et de l'indépendance?

Ce qui est à retenir dans ces amitiés de jeunesse, c'est l'influence que Boileau prit très vite sur Racine. Extrêmement sensible à la critique, Racine était prompt au découragement. Boileau le soutenait, en attendant de lui adresser sa fameuse épître « sur l'utilité des ennemis ». Du reste, leur aide était mutuelle. Pradon dira des deux amis :

> A défendre Boileau Racine est toujours prêt;
> Ces rimeurs de concert l'un l'autre se chatouillent
> Et de leur fade encens tour à tour se barbouillent.

Racine avait des défauts de caractère : il était « railleur, inquiet, jaloux et voluptueux ». Boileau le mettait en garde contre son penchant à la raillerie, calmait ses inquiétudes, lui montrait qu'il n'avait à envier personne, et, s'il assistait avec un calme indulgent aux « diableries », comme disait Mme de Sévigné, dont Racine prenait sa part, si, pendant longtemps, il ne faisait pas grand effort, semble-t-il, pour le détacher de Mlle du Parc ou de Mlle Champmeslé, il dut, le moment venu, l'aider à se ranger, et nous le verrons témoin de son mariage.

Il maintenait Racine dans le « tragique », pour lequel il était fait, en l'éloignant du « satirique », vers lequel il était porté. Si Boileau n'était pas toujours bien inspiré dans ses conseils et si, deux ou trois fois, nous aurions beaucoup perdu à ce que Racine les suivît, Racine dut à Boileau l'habitude de la composition attentive et sévère. Peut-être apprit-il de lui la méthode de travail que nous révèle le plan en prose du premier acte d'une *Iphigénie en Tauride*. Louis Racine nous dit :

« Racine, quand il entreprenoit une tragédie, disposoit chaque acte en prose. Quand il avoit lié toutes les scènes entre elles, il disoit : « Ma tragédie « est faite », comptant le reste pour rien. » C'était là une façon de parler, car Brossette complète ainsi le renseignement : « Racine avoit une facilité prodigieuse de faire des vers, mais c'étoit le moyen de n'y pas jeter beaucoup de feu. M. Despréaux avoit appris à M. Racine à faire difficilement ses vers. » De là le mot célèbre qui marque chez Boileau un excès de satisfaction magistrale et quelque injustice pour son ami : « Racine, disait-il, n'étoit qu'un très bel esprit, à qui j'ai appris à faire difficilement des vers faciles. »

De manière générale, l'action de Boileau sur Racine semble avoir eu pour résultat de le détourner des « faux brillants », de le pousser au sérieux et au grand. Selon Brossette, c'est Boileau qui lui aurait indiqué, après la *Thébaïde*, le sujet d'*Alexandre*. Sainte-Beuve estime qu' « on lui doit, à coup sûr, d'avoir eu plus tôt le Racine parfait, et de l'avoir eu, dans sa perfection même, plus continuellement ferme et plus inaltérable ». Le poète eut tout profit à se tourner, sur les conseils de Boileau, vers l'antiquité, et en particulier, grâce à son éducation, vers l'antiquité grecque.

En attendant que le génie formé de Racine prenne une direction définitive, ses deux pièces de début, la *Thébaïde* et *Alexandre le Grand* le montrent hésitant entre des tendances opposées. La *Thébaïde* mêlait des éléments très divers, d'abord l'imitation des devanciers et des contemporains, ainsi Rotrou, Corneille et Quinault, puis celle des deux antiquités, avec Euripide et Sénèque, enfin et surtout, pour une large mesure, la mode du temps. Il y avait peu de vérité humaine, peu d'originalité et aucun génie. Le mérite de ce début consistait dans une facilité harmonieuse dont Quinault offrait l'équivalent. La pièce eut un succès moyen; qualités et défauts, elle n'offrait pas à l'admiration ou au blâme une prise suffisante. Elle obtint dix-neuf représentations, dont trois à la cour. Elle était dédiée au premier protecteur que le poète eût rencontré parmi les grands seigneurs, le duc de Saint-Aignan, grand amateur de lettres et organisateur des fameux *Plaisirs de l'île enchantée*, donnés à Versailles au mois de mai précédent. Dans l'épître dédicatoire, Racine constatait son succès, « quelques ennemis, disait-il, que je puisse avoir ». Ces ennemis vont bientôt être légion; en attendant, leur hostilité était encore discrète, car elle n'a pas laissé de traces.

Avant de paraître devant le public, *Alexandre le Grand* avait fait l'objet d'une lecture partielle, fort goûtée, chez Mme du Plessis-Guénégaud, à l'hôtel de Nevers, devant un cercle où figuraient La Rochefoucauld, Pomponne, Mme de La Fayette, Mme de Sévigné et sa fille. La représentation eut lieu, le 4 décembre 1665, devant une assemblée qui comprenait Monsieur, frère du roi, et sa femme, Henriette d'Angleterre, le grand Condé et le duc d'Enghien, la princesse palatine, Anne de Gonzague. De tels spectateurs montrent quelle attente excitait la pièce. Parmi eux, plusieurs devinrent les protecteurs de Racine. Le succès fut grand, mais aussitôt de vives critiques s'élevèrent, et surtout on vit naître cet antagonisme de deux générations qui va s'exercer jusqu'au bout autour des pièces de Racine. Celle de la Fronde reste attachée à Corneille, qui a charmé sa jeunesse; celle de Louis XIV marque sa préférence pour le poète en qui elle se reconnaît. Entre les deux se forme un public mêlé de jaloux, d'esprits faux, de « zoïles ». Presque toutes les pièces de Racine lui vaudront d'acerbes critiques.

Avant la représentation, Racine était allé soumettre sa pièce à Corneille. Les débutants ne manquent guère à cet hommage envers leurs illustres devanciers, mais il est rare qu'ils en obtiennent l'effet espéré. Corneille avait fait à son jeune confrère de grands éloges sur son talent pour la poésie en général, mais en l'assurant qu'il n'était point propre à la poésie dramatique. De telles erreurs sont inévitables. Un créateur ne voit guère que sa poétique et n'en admet pas d'autre. Or, *Alexandre* contenait en germe le système dramatique de Racine, et, malgré quelques imitations visibles de son devancier, — comme le souvenir des imprécations de Camille dans celles d'Axiane et la recherche, çà et là, de la coupe cornélienne dans le dialogue, — il apparaissait déjà que ce système, en conservant la forme extérieure de la tragédie cornélienne, allait en changer le fond.

Parmi les tenants de Corneille, un des plus considérables était Saint-Évremond, exilé en Angleterre, mais toujours attentif à la littérature française et fort consulté par ses amis de Paris. Il écrivait une *Dissertation sur l'Alexandre*. C'est un petit chef-d'œuvre de critique pénétrante et courtoise. Non seulement les remarques justes y sont nombreuses, mais le génie de Racine est deviné. « Depuis que j'ai lu le *Grand Alexandre*, disait Saint-Évremond, la vieillesse de Corneille me donne bien moins d'alarmes, et je n'appréhende plus tant de voir finir avec lui la tragédie; mais je voudrois qu'avant sa mort il adoptât l'auteur de cette pièce, pour former, avec la tendresse d'un père, son vrai successeur. » D'autre part, il reprochait « à un si bel esprit » de n'avoir pas « le bon goût de cette antiquité que Corneille possédoit si avantageusement ». Même, il regrettait l'absence de ce que, bien plus tard, le romantisme, croyant l'inventer, appellera la « couleur locale ». Surtout, il regrettait que la place dominante faite non seulement à l'amour, mais à la galanterie, diminuât la grandeur des figures historiques : « Qu'on ne croye pas, concluait-il, que le premier but de la tragédie soit d'exciter des tendresses dans nos cœurs. Aux sujets véritablement héroïques, la grandeur d'âme doit être ménagée devant toutes choses. »

Dans une lettre de remerciement à Saint-Évremond, le vieux Corneille se montrait fort reconnaissant pour lui, mais fort aigri par le goût public : « Vous m'honorez de votre estime, lui disait-il, en un temps où il semble qu'il y ait un parti pour ne m'en laisser aucune. » Mais, s'il ne prévoyait pas le sens historique du poète qui écrira *Britannicus*, il marquait avec une grande sûreté de vue la différence capitale qui va distinguer le nouveau théâtre du sien : « Vous flattez agréablement mes sentiments, quand vous confirmez ce que j'ai avancé touchant la part que l'amour doit avoir dans les belles tragédies... J'ai cru jusqu'ici que l'amour étoit une passion trop chargée de faiblesse pour être la dominante dans une pièce héroïque; j'aime qu'elle y serve d'ornement, et non pas de corps, et que les grandes âmes ne la laissent agir qu'autant qu'elle est compatible avec de plus nobles impressions. Nos doucereux et nos enjoués sont de contraire avis. » L'amour, en effet, sera le principal ressort de la tragédie racinienne.

Mais, en attendant le véritable amour, *Alexandre* n'employait guère que les ressorts d'une fade galanterie. Il sacrifiait largement à la mode complexe qui amalgamait aux souvenirs de la chevalerie ceux de la Renaissance et de l'Italie, la politesse des salons contemporains et, surtout, le jargon des romans. Ceux-ci avaient fourni à Boileau le plaisant dialogue que l'on sait. Un homme d'esprit, que l'on croit être Charles de Sévigné, lui empruntait ce cadre à la façon de Lucien pour faire une mordante critique de la nouvelle pièce.

Ces critiques étaient extrêmement pénibles à Racine. Jamais sensibilité ne fut plus délicate. Il disait à son fils : « La moindre critique, quelque mauvaise qu'elle ait été, m'a toujours causé plus de chagrin que toutes les louanges ne m'ont fait de plaisir. » En montrant son chagrin, il faisait le jeu de ses ennemis, enchantés de le voir saigner sous leurs blessures. Il ne manque guère, dans ses préfaces, de se découvrir, en laissant voir son irritation. Pour *Alexandre*, dès sa dédicace au roi, il se plaignait des « efforts que l'on avoit faits pour lui défigurer son héros ». Il y joignait une préface dont chaque ligne respire l'impatience et le ressentiment : « Je n'ai pu m'empêcher de concevoir quelque opinion de ma tragédie, quand j'ai vu la peine que se sont donnée de certaines gens pour la décrier. On ne fait point tant de brigues contre un ouvrage qu'on n'estime pas. On se contente de ne le plus voir quand on l'a vu une fois, et de le laisser tomber de soi-même, sans daigner seulement contribuer à sa chute. Cependant, j'ai eu le plaisir de voir plus de six fois de suite à ma pièce le visage de ces censeurs. Ils n'ont pas craint de s'exposer si souvent à entendre une chose qui leur déplaisoit... etc. » Puis il réfutait les critiques une à une, ce qui n'était pas son affaire. Retenons surtout de cette apologie personnelle la remarque très juste qu'il a fait sa pièce « avec peu d'incidents et peu de matière ». C'est le principe de toute sa poétique et ce qui, avec la place prépondérante donnée à l'amour, la distingue surtout de celle de Corneille.

Il voyait juste aussi, s'il avait le tort de se louer lui-même, en constatant que « toutes les scènes étaient bien remplies et liées nécessairement les unes avec les autres ». Nous pouvons ajouter qu'il y montrait la force maîtresse d'elle-même, le sentiment de la grandeur tragique, le don de l'harmonie; il empruntait à la cour de France son noble langage pour le prêter à ses princes et à ses seigneurs, comme dans le beau discours de Porus; il indiquait déjà quelques-uns des caractères que, dans la suite, il montrera au complet : celui d'Axiane annonce Hermione et Eriphyle. Non seulement le progrès était immense de la *Thébaïde* à *Alexandre*, mais, comme l'avait dit Saint-Évremond, dans celui-ci se révélait un digne successeur du vieux Corneille.

Deux semaines après la première représentation, le 18 décembre, la troupe de Molière, qui avait joué *Alexandre* d'original, « était surprise » de le voir paraître aussi sur la scène rivale, à l'Hôtel de Bourgogne. L'honnête La Grange relevait dans son registre, avec son habituelle modération de termes, le procédé d'un auteur « qui en usoit si mal ». D'après Louis Racine, le poète se trouvait médiocrement joué au Palais-Royal, et il semble, en effet, que l'Hôtel de Bourgogne avait de meilleurs acteurs pour la tragédie. Cela n'excuse pas le procédé. Il se peut que les obligations de Racine envers Molière aient été exagérées et qu'il n'ait pas reçu de lui certain prêt de cent louis à ses débuts. Mais, sans écraser, comme il est d'usage, « l'ingratitude » de Racine avec « la générosité » de Molière, il est certain que l'auteur d'*Alexandre* ne se montrait dans cette circonstance ni respectueux, comme disent les frères Parfaict, de « l'usage observé de tout temps entre les comédiens françois de n'entreprendre point de jouer, au préjudice d'une troupe, les pièces dont elle étoit en possession et qu'elle avoit mises au théâtre à ses frais particuliers », ni courtois envers un directeur qui l'avait déjà joué, ni délicat envers un homme plein de droiture.

Au motif qui explique sa conduite, s'il ne la justifie pas, il faut sans doute en joindre un autre, encore plus fort. Il est probable que, dès ce moment,

Racine était amoureux de Mlle du Parc, à laquelle il avait donné le rôle d'Axiane dans *Alexandre*, et qu'il allait enlever à Molière pour lui faire jouer *Andromaque* à l'Hôtel de Bourgogne. L'actrice était « charmante et triomphante ». Molière l'avait aimée, sans succès. Elle avait inspiré à Corneille une passion sénile et touchante qui resta platonique, bien malgré lui, et lui inspira des vers charmants de dépit et de fierté. La Fontaine, bien entendu, ne manqua pas cette occasion de soupirer. Tout en repoussant de tels hommages, Mlle du Parc n'était rien moins qu'une Lucrèce, et il semble bien qu'elle ait fait beaucoup d'heureux, plus obscurs. Si nous manquons de détails sur la passion de Racine, nous savons qu'elle fut vive, et il est possible que le poète lui ait dû en partie sa profonde connaissance de l'amour. Une telle liaison, une de ces passions amères et prenantes dont le théâtre a le privilège, était capable de lui apprendre la jalousie, et nul poète ne l'a peinte de traits plus vigoureux. Mlle du Parc faisait volontiers au public les honneurs de sa beauté. Elle ne se contentait pas de jouer la comédie : elle brillait « dans les danses hautes ». Un contemporain nous apprend qu' « elle faisoit certaines cabrioles remarquables, car on voyoit ses jambes, par le moyen d'une jupe qui étoit ouverte des deux côtés ». Ce genre de spectacle enchante le public et torture un amant. Lorsque Mlle du Parc mourra en couches, au mois de décembre 1668, après avoir créé le rôle d'Andromaque, le poète laissera éclater son désespoir. Le chroniqueur Robinet le montre suivant « à demi-trépassé » le convoi de la comédienne.

Il aimera encore, et, comme Mlle du Parc, Mlle Champmeslé est inséparable de sa biographie, mais pas de la même manière, à ce qu'il semble. Il sera plus accommodant avec celle-ci et la quittera sans effort. Dans Mlle du Parc, il vit surtout la femme, dans Mlle Champmeslé, l'interprète. Par Mlle du Parc, il dut éprouver, selon ses propres expressions, que « l'amour est celui de tous les dieux qui sait le mieux le chemin du Parnasse. »

Après un temps de vive irritation chez Molière, qui fera jouer sur son théâtre la *Folle Querelle*, parodie d'*Andromaque* par Subligny, Molière et Racine, au dire des contemporains, « ne cessèrent pas de s'estimer et de se rendre mutuellement une exacte justice »; ils furent même « réconciliés » par leurs amis communs, sans toutefois qu'une « liaison particulière » reprît entre eux. Molière disait, en sortant des *Plaideurs*, « que ceux qui se moquoient de cette pièce mériteroient qu'on se moquât d'eux ». Racine disait à Boileau, à propos de l'*Avare :* « Je vous vis dernièrement à la pièce de Molière, et vous riiez tout seul sur le théâtre. — Je vous estime trop, lui répondait Boileau, pour croire que vous n'y ayez pas ri, du moins intérieurement. » Ainsi, dans la réconciliation et l'estime mutuelle, Molière apportait plus de bonne grâce que Racine. Cette réconciliation ne sera complète que par la mort de Molière, lorsque, dans les plus beaux vers et les plus émus qu'il ait écrits, Boileau mettra Racine et Molière sur le même rang, dans son affection et son admiration.

CHAPITRE II

CARRIÈRE THÉATRALE

Au moment où Racine était mis en lumière par *Alexandre*, il avait vingt-cinq ans. Il entrait dans la gloire avec une auréole de jeunesse et de beauté. Les traits de cette noble figure sont bien connus, grâce aux portraits de Santerre et d'Edelinck, souvent reproduits ou imités. Il avait les traits grands et délicats, l'œil humide des voluptueux, le nez aigu des railleurs, une bouche dont le sourire devait être charmant, une expression de vivacité et de réserve. Surmontée de la grande perruque du siècle, cette tête répondait pleinement à l'idée que l'on se faisait alors de la majesté gracieuse. Louis Racine a tracé de son père ce portrait à la plume :

Une cour aimable le trouvoit aimable lui-même et par la conversation et par la figure. Il n'étoit point de ces poètes qui ont un Apollon refrogné ; il avoit au contraire une physionomie belle et ouverte : Louis XIV la cita un jour comme une des plus heureuses, en parlant des belles physionomies qu'il voyoit à sa cour. A ces grâces extérieures, il joignoit celles de la conversation, dans laquelle, jamais distrait, jamais poète, ni auteur, il songeoit moins à faire paroître son esprit, que l'esprit des personnes qu'il entretenoit. Il ne parloit point de ses ouvrages, et répondoit modestement à ceux qui lui en parloient : doux, tendre, insinuant et possédant le langage du cœur.

Ce portrait empiète sur l'avenir en nous montrant Racine à la cour et complètement formé. Mais, au moment où nous sommes arrivés, les traits physiques et moraux de cette nature devaient être tels que Louis Racine les indique, et le temps ne pouvait que les accentuer. Comme aussi cette beauté, qui résidait surtout dans la douceur et la régularité des lignes, n'avait guère à craindre de l'âge. Vers le temps où son père touchait à la cinquantaine, son fils aîné, Jean-Baptiste, l'a dessiné, avec quelque talent et une fidélité évidente, sur un exemplaire d'Horace que possède la Bibliothèque nationale. Les traits sont légèrement empâtés, mais la beauté reste la même. L'expression a gagné encore en noblesse; l'œil surtout est admirable de calme et de profondeur.

Avec *Andromaque*, représentée au mois de novembre 1667, à l'Hôtel de Bourgogne, qui sera désormais son théâtre, Racine abordait vraiment l'antiquité grecque, car, à ce point de vue, la *Thébaïde*, et même *Alexandre*, ne comptent guère. Quelques vers d'Homère et de Virgile lui suffisaient pour la pénétrer. Il laissait de côté les deux tragédies d'Euripide, où figure la veuve d'Hector, car il voulait la montrer sous un autre aspect que le tragique grec. Ainsi son sujet lui appartenait tout entier, sauf les noms. En ressuscitant l'âme de la Grèce dans ce qu'elle eut de plus pur, il y mêlait intimement celle de la France monarchique et chrétienne. Il y était encore plus inventeur que dans *Iphigénie* et *Phèdre*, où il suivra Euripide de près. Il s'égalera, mais ne se surpassera point, pour la connaissance du cœur, l'habile conduite de l'action, l'énergie et l'harmonie du style.

La duchesse d'Orléans, Henriette d'Angleterre, s'était intéressée à *Andromaque* avant même la représentation. En lui dédiant sa pièce, le poète se faisait honneur de cet intérêt : « On savoit que Votre Altesse Royale avoit daigné prendre soin de la conduite de ma tragédie. On savoit que vous m'aviez prêté quelques-unes de vos lumières pour y ajouter de nouveaux ornements. » La première, elle l'avait « honorée de quelques larmes ». Cette sorte de collaboration et le suffrage d'une princesse que la cour regardait « comme l'arbitre de tout ce qui se faisoit d'agréable » expliquent que la pièce ait eu l'honneur d'être représentée à la cour, aussitôt après la première représentation à la ville, peut-être même avant.

Le succès fut grand, mais contesté, comme il le sera toujours pour Racine, et, à son ordinaire, le poète ne put se tenir de répondre à ses détracteurs. Il en est deux, le duc de Créqui et le comte d'Olonne, dont il a marqué les noms par deux épigrammes effrayantes de hardiesse. Le grand Condé, qui depuis *Alexandre* montrait beaucoup de bienveillance à Racine et qui le recevra parmi les familiers de Chantilly, aurait trouvé Pyrrhus « trop violent et trop emporté ». Peut-être Racine faisait-il allusion à ce reproche dans la préface de sa pièce en disant :

« Tous les héros ne sont pas faits pour être des Céladons. »

Saint-Évremond s'occupait encore de la nouvelle tragédie, mais il ne retrouvait pas la justesse et l'équité avec lesquelles il avait apprécié *Alexandre*. La pièce, écrivait-il, « a besoin de grands comédiens, qui remplissent par l'action ce qui lui manque ». Il trouve qu'elle « a bien de l'air des belles choses » et qu' « il ne s'en faut presque de rien qu'il y ait du grand ». Il accorde et retire :

Elle m'a semblé très belle, mais je crois que l'on peut aller plus loin dans les passions, et qu'il y a encore quelque chose de plus profond dans les sentiments que ce qui s'y trouve; ce qui doit être tendre n'y est que doux, et ce qui doit exciter de la pitié ne donne que de la tendresse. Cependant Racine doit avoir plus de réputation qu'aucun autre après Corneille.

L'explication de ce singulier jugement c'est que, plus Racine dégageait son originalité, plus il éloignait de lui la génération qui avait admiré Corneille. C'est le même sentiment que traduisit à sa manière Mme de Sévigné lorsque, de Vitré, elle écrivait à sa fille, moitié d'après la pièce, moitié d'après les acteurs : « *Andromaque* me fit pleurer plus de six larmes; c'est assez pour une troupe de campagne. » En revanche, dit Fontenelle, « les femmes, dont le jugement à tant d'autorité au théâtre français », adoptèrent l'auteur d'*Andromaque* comme leur poète. Il ajoutait : « J'en excepte quelques femmes, qui sont des hommes. » N'était-ce point le cas pour plusieurs héroïnes de la génération précédente, et même pour Mme de Sévigné, très femme à certains égards, fort peu à d'autres?

Si le temps n'a pas ratifié ces critiques, du moins avaient-elles leur élévation et leur sincérité. On ne peut, au contraire, voir que basse jalousie et plate sottise dans une parodie, la *Folle Querelle*, qu'un avocat au Parlement, Subligny, faisait représenter par la troupe de Molière et dans laquelle il avait mis en action la plupart des critiques exprimées sur *Andromaque*. Racine ne daignait pas nommer Subligny, mais il prenait la peine, dans une préface, de discuter avec ses détracteurs, et il se consolait, comme pour *Alexandre*, par le jugement général : « Le public m'a été trop favorable pour m'embarrasser du chagrin particulier de deux ou trois personnes. »

Dans un avis au lecteur, d'un tour enjoué et dégagé, Racine a raconté lui-même comment il eut l'idée d'écrire les *Plaideurs* et le sort qu'obtint la pièce. Ce récit montre le peu d'importance qu'il y attachait. Il avait lu les *Guêpes* d'Aristophane, et elles l'avaient beaucoup diverti, mais il ne songeait guère à en tirer une comédie, lorsqu'un procès, — que, dit-il, ni ses juges ni lui-même n'entendirent jamais bien et qui avait pour cause, semble-t-il, son prieuré de l'Épinay, — en le familiarisant avec la chicane et en lui montrant les ridicules du Palais, lui fit placer dans le cadre aristophanesque une satire qui résumait ses impressions et le dédommageait de ses ennuis. Il la destinait aux comédiens italiens, parmi lesquels se trouvait le fameux bouffon Scaramouche, et ce ne devait être qu'un canevas à *lazzi*. Le départ de Scaramouche pour l'Italie et les conseils de ses amis le déterminèrent, non sans résistance, à écrire une vraie pièce pour les comédiens français. « Je leur dis que j'aimerois beaucoup mieux imiter la régularité de Ménandre et de Térence que la liberté de Plaute et d'Aristophane. » Cependant, « moitié en l'encourageant, moitié en mettant eux-mêmes la main à l'œuvre », ses amis lui firent commencer la pièce, et elle « ne tarda guère à être achevée ». Ces amis étaient le petit groupe qui se réunissait au *Mouton blanc*, notamment Boileau, sorti d'une famille de greffiers, et Furetière, qui aimait tant à dauber sur les gens du Palais. Mais si la matière des *Plaideurs* a pu être traitée par plusieurs mains, la forme est visiblement d'une seule.

La pièce parut au mois de novembre 1668 et fut mal accueillie : « On examina d'abord mon amusement, dit Racine, comme on auroit fait une tragédie. Ceux même qui s'y étoient le plus divertis eurent peur de n'avoir pas ri dans les règles, et trouvèrent mauvais que je n'eusse pas songé plus sérieusement à les faire rire. » Peut-être aussi les gens du Palais avaient-ils cabalé contre la pièce. Heureusement, un mois après, à la cour, le roi y riait de tout son cœur, et les courtisans l'imitaient. En rentrant de Versailles au milieu de la nuit, les comédiens vinrent réveiller le poète pour lui dire la bonne nouvelle et causèrent beaucoup d'émoi dans sa rue : on avait cru d'abord à son arrestation pour offense à la magistrature. L'opinion de la ville suivit celle de la cour, et, depuis, les *Plaideurs* ont retrouvé chez tous les publics l'accueil de Louis XIV.

Il y a loin de cette amusante comédie aux grandes pièces de Molière et même au *Menteur* de Corneille, encore plus loin au modèle grec. Racine ne pouvait emprunter à Aristophane la portée sociale des *Guêpes*, la licence de leur plaisanterie, leur fantaisie lyrique. Il donnait une physionomie toute française et parisienne au sujet grec. Pour les caractères, il se contentait de joindre au juge Dandin, copie réduite de Philocléon, celui de l'Intimé, le plus original de la pièce, la silhouette de Petit-Jean, les caricatures de Chicanneau et de la Comtesse. Son Léandre est pâle à côté de Bdélycléon, et il forme avec Isabelle un couple conventionnel d'amoureux à l'italienne. D'autre part, si le *Menteur* n'offre pas un fond bien solide, son style franc et dru fait paraître celui des *Plaideurs*, d'ailleurs si gai et si vif, un peu grêle en sa finesse. Quant aux comédies de Molière, à cette date de 1668, elles avaient élevé le genre au plus haut, car elles comprenaient déjà le *Misanthrope* et *Tartufe*, sans parler de l'*École des Femmes* et de l'*Avare*. Racine lui-même faisait bon marché de sa pièce. « Si le but de ma comédie, disait-il, étoit de faire rire, jamais comédie n'a mieux attrapé son but. » Mais il ajoutait : « Ce n'est pas que j'attende un grand honneur d'avoir assez longtemps réjoui le monde. »

L'opinion indiquée par ces derniers mots dépasse les *Plaideurs* et atteint la comédie toute entière ; elle est parfaitement injuste, car la hiérarchie des genres ne peut rien contre celle des œuvres : le *Misanthrope* vaut *Phèdre*. Racine donnait dans la même erreur que Molière sacrifiant la tragédie à la comédie. Mais cela montre que, si l'on peut regretter que Corneille n'ait fait qu'une comédie, le regret doit être moindre pour Racine. Il y avait chez l'auteur des *Plaideurs* une ironie et une finesse qui se tournaient en satire mordante, comme le prouvent tout ce que nous savons de son caractère, les deux lettres sur Port-Royal, de nombreux passages de la correspondance et les quelques épigrammes authentiques qui nous sont parvenues de lui, mordantes à plaisir. Il y avait aussi le don du rire franc, le sentiment des situations plaisantes, le trait vif, l'aptitude à la bouffonnerie la plus réjouissante. Mais, outre que la profondeur comique est absente des *Plaideurs*, on n'y trouve pas davantage le sérieux, la pitié, le sentiment des grands contrastes, qui sont une part, et la plus haute, de la comédie. Racine avait ces dons, mais il les réservait pour la tragédie, où il en trouvait un emploi plus conforme à sa nature, ironique à la surface, sérieuse au fond. Dès qu'il réfléchissait, le rire s'éteignait; il voyait l'homme et la vie à la lumière de la morale austère que la nature et l'éducation avaient formée en lui, et qui, voilée par la vie mondaine, veillait au fond de son âme. Il tournait le comique en tragique, comme dans quelques traits de son Andromaque et de son Pyrrhus, dans les ruses effrayantes de Mithridate amoureux, dans l'attitude féline de Néron aux écoutes.

Autant Racine tenait à dire que les *Plaideurs* avaient été pour lui un divertissement sans importance, autant, lorsqu'il revenait à la tragédie, avec *Britannicus*, il s'empressait de déclarer pour sa nouvelle pièce qu'il s'était efforcé « de la rendre bonne ». Dans la seconde préface de la pièce, il déclarait : « Voici celle de mes tragédies que je puis dire que j'ai le plus travaillée. » *Britannicus* excitait la grande attente que ne pouvait manquer de produire le nouvel ouvrage d'un auteur déjà célèbre. Au début d'une de ses nouvelles, *Artémise et Poliante*, Boursault nous a laissé un compte rendu de la première représentation, fort intéressant en lui-même, malgré sa forme prétentieuse et lourde. Elle eut lieu le 13 décembre 1669. Une exécution capitale en place de Grève, faisant concurrence à la tragédie, avait éloigné du théâtre « tout ce que la rue Saint-Denis a de marchands qui se rendent régulièrement à l'hôtel de Bourgogne pour avoir la première vue de tous les ouvrages qu'on y représente ». Il y avait des vides dans la salle. Cependant « tous ceux qui se mêlent d'écrire pour le théâtre » étaient là, car la nouvelle pièce « ne (les) menaçait pas moins que de mort violente ». On remarquait surtout Corneille, « tout seul dans une loge ». En revanche, au parterre, un « admirateur de tous les nobles vers de M. Racine, fit tout ce qu'un véritable ami d'auteur peut faire pour contribuer au succès de son ouvrage ». Cet admirateur, semble-t-il, était Boileau, le juge de franche et visible impression : « Son visage, qui à un besoin passeroit pour un répertoire du caractère des passions, épousoit toutes celles de la pièce l'une après l'autre, et se transformoit comme un caméléon à mesure que les acteurs débitoient leur rôle. »

Les sentiments des connaisseurs étaient partagés, les uns dénigrant sans merci les caractères, les autres très touchés par le dénouement, mais tous s'accordant à trouver « les vers fort épurés ». Au total, Boursault conclut que « la pièce n'a pas eu tant de succès qu'on s'en étoit promis ».

Racine s'est montré jusqu'ici fort impatient des critiques; cette fois, il est exaspéré. Dans ses deux préfaces, il se défend avec une colère vibrante. Les termes de mépris se pressent sous sa plume à l'égard de ceux qui s'efforcent « de le décrier ». « Il n'y a point de cabale qu'ils n'aient faite, point de critique dont ils ne se soient avisés. Il y en a qui ont pris même le parti de Néron contre moi. » Il en veut surtout à Corneille, moins pour ce qu'il a pu dire que pour l'usage que les envieux font de ce grand nom. Dans son irritation, il oublie qu'il a été l'agresseur. Déjà, dans les *Plaideurs*, il s'était amusé à parodier quelques vers du *Cid* :

> Ses rides sur son front gravoient tous ses exploits.
> Viens, mon sang, viens, ma fille!...
> Achève, prends ce sac....

« Quoi, disait Corneille, ne tient-il qu'à un jeune homme de venir tourner en ridicule les plus beaux vers des gens? » Cette fois, le jeune homme oublie tout à fait le respect qu'il doit à son grand devancier. Puisqu'on lui oppose la poétique de celui-ci, il la juge à son tour. On trouvera, dans la seconde partie de cette étude, le passage et sa discussion. Ce qui est plus grave qu'une erreur de jugement et des boutades d'auteur piqué, ce qui touche le caractère de Racine, c'est qu'il est injurieux pour la personne même de son rival. Il reprend à son sujet ce que dit Térence « d'un vieux poète malintentionné, *malevoli veteris poetæ*, qui venoit briguer des voix contre lui jusqu'aux heures où l'on représentoit ses comédies. » Il réparera plus tard ces torts envers Corneille. Il ne se contentera pas de lui rendre justice en conversation privée et de dire à son fils Jean-Baptiste, avec une modestie excessive : « Corneille fait des vers cent fois plus beaux que les miens. » En recevant, le 2 janvier 1685, Thomas Corneille à l'Académie, il traitera le grand Corneille de « personnage véritablement né pour la gloire de son pays, comparable aux Eschyles, aux Sophocles, aux Euripides. »

Saint-Evremond, d'autant plus sévère que le jeune poète s'élevait plus haut, lui accordait, cette fois encore, quelques éloges parcimonieux et concluait par cette opinion singulière : « Je déplore le malheur de cet auteur d'avoir si dignement travaillé sur un sujet qui ne peut souffrir une représentation agréable. » L'erreur était lourde, surtout de la part de l'homme qui avait parlé si justement du sens de l'histoire dans la tragédie, à propos d'*Alexandre*. Il était évident, au contraire, que cette fois Racine abordait la tragédie historique avec un même sens de l'histoire et du théâtre ; que, pour un coup d'essai, il égalait Corneille sur son propre terrain ; que si Corneille s'était élevé dans *Horace* à la hauteur de Tite-Live, avec *Britannicus* Racine rivalisait avec Tacite, « le plus grand peintre de l'antiquité » ; que, « rempli de la lecture de cet excellent historien », il montrait de Rome et de l'Empire une intelligence telle que, non seulement Corneille, mais Shakespeare, n'en surpassent pas la profondeur.

Boileau lui-même, malgré son attitude à la première représentation, — si c'est bien lui que désigne Boursault, — ne fut pas entièrement juste. Il trouvait que Britannicus était « la pièce de Racine dont les vers sont les plus finis », et que l'auteur « n'avait jamais fait de vers plus sentencieux », c'est-à-dire plus nourris de pensée. En revanche, il critiquait au dénouement l'entrée en religion de Junie, comme peu conforme aux mœurs romaines, et il trouvait « Britannicus trop petit devant Néron ».

Il semble que la pièce fut arrêtée dès la huitième représentation, après un demi-succès. Elle se releva, comme Racine le constate fièrement au début de la seconde préface : « Les critiques se sont évanouies; la pièce est demeurée. » En attendant, le poète avait obtenu l'approbation de Colbert. Il semble aussi qu'elle fit sur Louis XIV une vive impression, s'il est vrai que, beau danseur et aimant à figurer dans les ballets de la cour, il ait renoncé depuis *Britannicus* à un divertissement qui pouvait rappeler Néron se donnant « en spectacle aux Romains ».

Britannicus était sorti d'une profonde étude de Tacite. Une courte phrase de Suétone donnait à Racine le sujet de *Bérénice*. Il a raconté, dans la préface de la pièce, pour quelles raisons d'art ce sujet l'avait séduit : « Nous n'avons rien de plus touchant chez tous les poètes », et il est « extrêmement simple ». Son âme tendre y retrouvait le thème mélancolique de la séparation, illustré par Virgile et Catulle : Bérénice et Titus renouvelaient dans l'histoire l'aventure fabuleuse de Didon et d'Énée, d'Ariane et de Thésée. En outre, il pouvait y tenter l'ambition qu'il nourrissait depuis longtemps de composer une tragédie « avec cette simplicité d'action qui a été si fort du goût des anciens », et « faire quelque chose avec rien ».

Le choix de ce sujet avait aussi une cause dont le poète ne dit rien. Cette pièce, dédiée au grave Colbert, avait été inspirée par Henriette d'Orléans. Alors que Racine attribue son choix à des raisons purement poétiques, il est certain que sa protectrice le lui avait indiqué, tandis qu'elle en faisait autant pour Corneille et, par un vrai jeu de prince, provoquait ainsi entre les deux poètes un duel où tous les avantages étaient pour Racine. Henriette avait été aimée de Louis XIV, et la politique avait traversé cet amour. Une autre qu'elle, Marie Mancini, avait eu pareille aventure avec le roi. Par une complication de sentiments bien féminine, il plaisait à Henriette de voir ces deux romans enveloppés dans une même fiction. Elle était sûre de ne pas déplaire au roi, qui autorisait les poètes à célébrer ses amours par allégorie. Henriette était morte lorsque les deux pièces furent représentées, celle de Racine le 21 novembre 1670, celle de Corneille le 28 du même mois.

Très bien jouée à l'Hôtel de Bourgogne, avec une nouvelle interprète qui va tenir une grande place dans l'histoire du théâtre, comme dans celle de Racine, Mlle Champmeslé, *Bérénice* eut un grand succès d'émotion. L'auteur le constatait avec complaisance : « Je ne puis croire que le public me sache mauvais gré de lui avoir donné une tragédie qui a été honorée de tant de larmes, et dont la trentième représentation a été aussi suivie que la première. » Cependant, malgré cette satisfaction, le ton de la préface est piqué. C'est que la pièce avait été discutée, et que Racine souffrait la critique avec une impatience croissante. Saint-Évremond approuvait de moins en moins, et le poète eut sans doute l'écho de l'opinion qui, plus tard, fut ainsi formulée : « Dans le *Titus* de Racine, vous voyez du désespoir où il ne faudroit qu'à peine de la douleur. » Les femmes, pour qui un pareil sujet est peut-être le plus intéressant de tous ceux que le théâtre et le roman peuvent traiter, approuvaient de tout cœur le rôle de Bérénice, mais il s'en trouvait pour faire des réserves sur l'ensemble de la pièce. Mme Bossuet écrivait à Bussy-Rabutin : « Jamais femme n'a poussé si loin l'amour et la délicatesse qu'a fait celle-là. Mon Dieu ! la jolie maîtresse ! et que c'est grand dommage qu'un seul personnage ne puisse faire une bonne pièce ! La tragédie de Racine seroit parfaite. »

Le roi daignait témoigner que *Bérénice* lui avait plû ; le grand Condé l'approuvait sans réserve et appliquait à la pièce ces deux vers tirés de la pièce même :

> Depuis trois ans entiers chaque jour je la vois
> Et crois toujours la voir pour la première fois.

En revanche, des personnages de haut rang, à qui le poète déclarait « qu'il se ferait toujours gloire de plaire », lui reprochaient cette simplicité même qu'il avait « recherchée avec tant de soin », tout en déclarant qu'ils avaient été touchés. Il leur répondait avec une déférence ironique et pincée : « Je les conjure d'avoir assez bonne opinion d'eux-mêmes pour ne pas croire qu'une pièce qui les touche et leur donne du plaisir puisse être absolument contre les règles... Toutes ces règles sont d'un long détail, dont je ne leur conseille pas de s'embarrasser. Ils ont des occupations plus importantes. »

Ses meilleurs amis faisaient eux-mêmes des réserves. Chapelle résumait la pièce en deux vers de chanson :

> Marion pleure, Marion crie,
> Marion veut qu'on la marie.

Boileau déclarait « qu'il eût bien empêché son ami de se consumer sur un sujet aussi peu propre à la tragédie que *Bérénice*, s'il avoit été à portée de le dissuader de promettre qu'il le traiteroit ».

Racine ripostait directement, avec une vigueur cinglante, à un petit écrit, minutieux et pédant, de l'abbé de Villars. Quant au peuple des critiques, il leur témoignait son mépris avec une impatience et une dureté qui n'ont pas été dépassées :

> Toutes ces critiques sont le partage de quatre ou cinq petits auteurs infortunés, qui n'ont jamais pu par eux-mêmes exciter la curiosité du public. Ils attendent toujours l'occasion de quelque ouvrage qui réussisse pour l'attaquer. Non point par jalousie. Car sur quel fondement seroient-ils jaloux ? Mais dans l'espérance qu'on se donnera la peine de leur répondre, et qu'on les tirera de l'obscurité où leurs propres ouvrages les auroient laissés toute leur vie.

A la rentrée de Pâques 1670, une jeune actrice d'origine rouennaise, Mlle des Mares, femme du comédien Champmeslé, était entrée avec son mari à l'Hôtel de Bourgogne. Elle y débutait par le rôle d'Hermione, celui-là même que Mlle du Parc avait joué d'original. Mlle Champmeslé avait alors vingt-huit ans. Au témoignage des frères Parfaict, elle n'était pas régulièrement jolie : « Sa peau n'étoit pas blanche et elle avoit les yeux extrêmement petits et ronds. » En revanche, elle était « d'une taille avantageuse, bien prise et noble », et ses défauts « étoient, pour ainsi dire, effacés par les grâces naturelles répandues sur toute sa personne ». Surtout, elle possédait la plus grande des séductions théâtrales, une voix enchanteresse. En l'entendant, « on étoit forcé de verser des larmes, quelque force d'esprit qu'on eût, et quelque violence qu'on se fît sur soi-même ». La Fontaine lui disait :

> Est-il quelqu'un que votre voix n'enchante?
> S'en trouve-t-il une autre aussi touchante,
> Une autre allant si droit au cœur?

D'une courte phrase, Mme de Sévigné résume ces divers témoignages : « Elle est laide de près, mais, quand elle dit des vers, elle est adorable. » Louis Racine, qui a pour la Champmeslé la rancune d'un fils vertueux pour une ancienne passion de son père, lui accorde la beauté, mais lui refuse l'esprit : « Cette femme, dit-il, n'étoit point née actrice. La nature ne lui avoit donné que la beauté, la voix et la mémoire; du reste, elle avoit si peu d'esprit, qu'il falloit lui faire entendre les vers qu'elle avoit à dire, et lui en donner le ton. » Mais, d'autre part, nous voyons, parmi les familiers de la comédienne, Boileau, qui ne fut jamais aveuglé par l'amour, la Fontaine, qui lui écrivait des délicieuses lettres, de celles que l'on adresse seulement aux femmes capables de les apprécier, Charles de Sévigné, qui avait beaucoup d'esprit, nombre de brillants seigneurs. On peut conclure de tant de témoignages, divers et contradictoires, que la Champmeslé était jolie et spirituelle.

Ce qui, en revanche, n'est mis en doute que par Louis Racine, c'est qu'elle était une merveilleuse comédienne, qu'elle tirât son talent de son propre fonds ou qu'elle le dût aux leçons de Racine, diseur et lecteur incomparable : « Comme il avoit formé Baron, dit Louis Racine, il avoit formé la Champmeslé, mais avec beaucoup de peine. Il lui faisoit d'abord comprendre les vers qu'elle avoit à dire, lui montroit les gestes et lui dictoit les tons, que même il notoit. » Ceci est en complète contradiction avec ce que les frères Parfaict racontent des débuts de l'actrice. Lorsqu'elle prit le rôle d'Hermione, Racine, craignant qu'il ne fût mal joué par une débutante, avait refusé de la voir et de lui donner ses conseils avant la représentation; mais, la pièce finie, transporté d'admiration, « il courut à sa loge, et lui fit à genoux des compliments pour elle et des remerciements pour lui ».

Dès lors, elle créa tous ses grands rôles. Non seulement elle fut à la hauteur de tous, mais elle leur prêta son propre charme, et fut vraiment collaboratrice du poète. Cette union a été consacrée avec une incomparable justesse de termes en des vers célèbres par Boileau. Il semble même que Racine ait écrit pour lui plaire et tirer tout le parti possible de son talent cet admirable rôle de Phèdre, rôle d' « étoile » s'il en fût, qui se subordonne et écrase tous les autres. Elle l'avait prié, disent les frères Parfaict,

« de lui donner un rôle où toutes les passions fussent exprimées; M. Racine chercha quelque temps, et il s'arrêta au sujet de *Phèdre.* »

Ce qui est aussi certain que le talent de l'actrice, c'est la passion que le poète éprouva pour elle. Louis Racine est encore le seul à la mettre en doute. Dès le début, leur liaison était non seulement publique, mais acceptée. On verra tout à l'heure ce qu'en dit Mme de Sévigné. La Fontaine, écrivant à l'actrice, lui en parle comme de la chose la plus naturelle du monde. Bien longtemps après, Boileau rappelait à Racine les nombreuses bouteilles de vin de Champagne bues par le mari de l'actrice, « vous savez, ajoutait-il, aux dépens de qui ».

Mlle Champmeslé, facile à Racine, l'était à nombre d'autres en même temps; quant à son mari, le joyeux amateur de champagne, c'était le plus accommodant des hommes. Une épigramme d'une extrême liberté, que Boileau fit sur un mot de Racine, montre Champmeslé vivant dans les meilleurs termes avec sa femme et le sixième

De six amants contents et non jaloux.

Outre Racine, ces « six amants » étaient, successivement ou ensemble, le comte de Revel, le marquis de la Fare, le comte de Clermont-Tonnerre et Charles de Sévigné. Au milieu de ces multiples intrigues, la comédienne évoluait avec beaucoup d'adresse. A la suite d'une conversation avec M. de Revel, Mme de Sévigné écrivait : « Les manœuvres de la Champmeslé, pour conserver tous ses amants, sans préjudice des rôles d'Atalide, de Bérénice et de

Phèdre, font passer cinq lieues de pays fort aisément. » Sans y entendre malice, La Fontaine lui écrivait à elle-même : « Que font vos courtisans?... Charmez-vous l'ennui, le malheur au jeu, toutes les autres disgrâces de M. de la Fare? et M. de Tonnerre, rapporte-t-il toujours au logis quelque petit gain? »

Aux amants se joignaient nombre d'amis, car la maison de la comédienne « étoit le rendez-vous de plusieurs personnes de distinction de la Cour et de la Ville, aussi bien que des plus célèbres auteurs du temps ». La Fontaine y fréquentait assidûment, avec le grand regret de n'être qu'un ami, et aussi le grave Boileau, qui, lui, ne demandait pas davantage. On y soupait avec une gaieté dont Mme de Sévigné, confidente de son fils et appelant la « petite comédienne » sa « belle-fille », parle avec un mélange de terreur et d'admiration : « Ce sont des soupers délicieux, c'est-à-dire des diableries. » Une grande familiarité y régnait. La Fontaine rappelle les « mots » et les « brocards » dont « l'honorait » M. de Tonnerre, et Boileau, écrivant trente ans après à M. de Revel, lui disait : « Trouvez bon que je vous parle aujourd'hui sur ce ton familier auquel vous m'aviez autrefois accoutumé chez la fameuse Champmeslé. »

Le mot de Racine, tourné en épigramme par Boileau, montre assez que, dans cette joyeuse société, le poète s'accommodait aisément du partage. Cependant, il était fort capable de jalousie. Avec Mlle du Parc il avait éprouvé avec force un sentiment qui est la dignité de l'amour. On peut donc s'étonner de sa longue patience avec Mlle Champmeslé.

C'est peut-être qu'il l'aimait de l'amour facile qu'inspirent souvent les professionnelles de la galanterie.

Lorsque vint l'heure de la rupture, un peu avant la retraite théâtrale, cette séparation ne dut avoir rien de bien douloureux, quoi qu'en disent les frères Parfaict, d'après lesquels la trahison de la Champmeslé, découverte au bout de sept ans, aurait mis Racine au désespoir et aurait été une des causes de sa retraite.

Le souvenir laissé par l'actrice au poète était assez tranquille pour lui faire commettre, onze ans après la rupture, un singulier manque de tact. Le 16 mai 1698, il écrivait à son fils, avec lequel il n'aurait jamais dû aborder un tel sujet :

> M. de Rost m'apprit avant-hier que la Champmeslé étoit à l'extrémité, de quoi il me parut très affligé; mais ce qui est le plus affligeant, c'est de quoi il ne se soucie guère apparemment, je veux dire l'obstination avec laquelle cette pauvre malheureuse refuse de renoncer à la comédie, ayant déclaré, à ce qu'on m'a dit, qu'elle trouvoit très glorieux pour elle de mourir comédienne. Il faut espérer que, quand elle verra la mort de plus près, elle changera de langage, comme font d'ordinaire la plupart de ces gens qui font tant les fiers quand ils se portent bien.

Deux mois après, il revenait en ces termes sur ce sujet :

> Je vous dirai en passant que je dois réparation à la mémoire de la Champmeslé, qui mourut avec d'assez bons sentiments, après avoir renoncé à la comédie, très repentante de sa vie passé, mais surtout fort affligée de mourir.

Il n'y a pas de conversion qui puisse excuser ce ton-là.

De *Bérénice* à *Bajazet*, qui fut représenté aux environs du 5 janvier 1672, la différence est grande, à tous les points de vue. De Rome, la scène passe à Constantinople et de l'histoire ancienne à l'histoire contemporaine; le drame succède à l'élégie, et une « grande tuerie », comme disait Mme de Sévigné, remplace la séparation mouillée de larmes. Au lieu de reprocher au génie de Racine quelque monotonie, il faudrait plutôt admirer une variété et une souplesse qui vont de la mythologie à l'empire romain, font alterner une reine juive avec un sultan, Mithridate avec Iphigénie, et remontent jusqu'aux demi-dieux de la Fable avant d'aborder le Dieu de la Bible.

Que le sujet de *Bajazet* soit vrai ou ait pour seul fondement les récits fantaisistes d'un ambassadeur, M. de Cézy, la hardiesse de Racine n'en est pas diminuée. C'était toujours un sujet contemporain, c'est-à-dire une tentative originale, et, quoique les Turcs fussent peu connus, il y fallait un grand souci de vérité. L'éloignement géographique ne remplaçait qu'en partie celui du temps, condition habituelle de la tragédie française. L'innovation du poète semblera plus audacieuse encore, si l'on admet la conjecture assez vraisemblable d'après laquelle, à travers Bajazet et Roxane, il aurait évoqué Christine et Monaldeschi.

A cette nouveauté du sujet se joignait une telle beauté d'exécution que les partis pris et l'envie se trouvèrent un moment désarmés. Mme de Sévigné, avant d'avoir vu le nouveau spectacle, constatait à contre-cœur l'admiration générale, quitte à épiloguer ensuite. La suite de ses sentiments est amusante et montre bien la lutte que se livraient en elle l'admiration involontaire pour Racine et la partialité cornélienne. Elle écrit d'abord à sa fille : « Racine a fait une comédie qui s'appelle *Bajazet* et qui enlève la paille; vraiment elle ne va pas en *empirando* comme les autres. M. de Tallard dit qu'elle est autant au-dessus de celles de Corneille que celles de Corneille sont au-dessus de celles de Boyer : voilà ce qui s'appelle bien louer; il ne faut pas tenir les vérités cachées. Nous en jugerons par nos yeux et nos oreilles.

> Du bruit de *Bajazet* mon âme importunée

fait que je veux aller à la comédie ». Elle y va donc, mais, enthousiaste pour l'interprète, elle est tiède pour la pièce :

> La comédie de Racine est belle, nous y avons été. Ma belle-fille m'a paru la plus merveilleuse comédienne que j'aie jamais vue.... *Bajazet* est beau; j'y trouve quelque embarras sur la fin; il y a bien de la passion, et de la passion moins folle que celle de *Bérénice* : je trouve cependant, à mon petit sens, qu'elle ne surpasse pas *Andromaque*; et, pour ce qui est des belles comédies de Corneille, elles sont autant au-dessus.... Croyez que jamais rien n'approchera (je ne dis pas surpassera) des divins endroits de Corneille.

Mais elle n'est pas sûre que tout le monde pense comme elle, et par deux fois elle éprouve le besoin de prêcher encore sa foi cornélienne : « A propos de comédie, voilà *Bajazet*. Si je pouvois vous envoyer la Champmeslé, vous trouveriez cette comédie belle; mais, sans elle, elle perd la moitié de ses attraits. Je suis folle de Corneille... Il faut que tout cède à son génie. » Et enfin le passage fameux, si injuste et si amusant dans son injustice :

Le personnage de Bajazet est glacé ; les mœurs des Turcs y sont mal observées ; ils ne font point tant de façons pour se marier ; le dénouement n'est point bien préparé : on n'entre point dans les raisons de cette grande tuerie. Il y a pourtant des choses agréables, et rien de parfaitement beau, rien qui enlève, point de ces tirades de Corneille qui font frissonner. Ma fille, gardons-nous bien de lui comparer Racine, sentons-en la différence. Il y a des endroits froids et faibles, et jamais il n'ira plus loin qu'*Alexandre* et qu'*Andromaque*. *Bajazet* est au-dessous, au sentiment de bien des gens, et au mien, si j'ose me citer. Racine fait des comédies pour la Champmeslé : ce n'est pas pour les siècles à venir. Si jamais il n'est plus jeune, et qu'il cesse d'être amoureux, ce ne sera plus la même chose. Vive donc notre vieil ami Corneille ! Pardonnons-lui de méchants vers en faveur des divines et sublimes beautés qui nous transportent : ce sont des traits de maître, qui sont inimitables ; Despréaux en dit encore plus que moi ; en un mot, c'est le bon goût : tenez-vous-y.

Au reste, dans l'intervalle, un mot d'ordre avait circulé, et il venait de Corneille. Segrais raconte à ce sujet :

Étant une fois près de Corneille, sur le théâtre, à une représentation de *Bajazet*, il me dit : « Je me garderois bien de le dire à d'autres que vous, parce qu'on diroit que j'en parlerois par jalousie ; mais, prenez-y garde, il n'y a pas un seul personnage dans le *Bajazet* qui ait les sentiments qu'il doit avoir et que l'on a à Constantinople ; ils ont tous, sous un habit turc, le sentiment qu'on a au milieu de la France.

Segrais retourne la remarque au profit de son interlocuteur. C'était l'argument favori des cornéliens, celui que Saint-Évremond avait formulé le premier à propos d'*Andromaque*.

Mais les critiques étaient noyées dans un tel flot

d'admiration que Racine, cette fois, ne laissa voir aucune aigreur. Ses deux préfaces sont parfaitement calmes. Cela ne l'empêchait pas de répondre directement à ses censeurs : « La principale chose à quoi je me suis attaché, ç'a été de ne rien changer ni aux mœurs ni aux coutumes de la nation; et j'ai pris soin de ne rien avancer qui ne fût conforme à l'histoire des Turcs. » Entendons par là l'histoire générale, car il semble bien qu'il a trop pris au sérieux ses autorités, le comte de Césy et le chevalier de Nantouillet. Par une vue très juste, il établissait le droit de la tragédie à remplacer l'éloignement dans le temps par l'éloignement dans l'espace : « L'éloignement des pays répare en quelque sorte la trop grande proximité des temps. » Et il s'autorisait de l'exemple d'Eschyle traitant le sujet des *Perses*. Pour les sentiments, ramenant avec une grande sûreté de vues la question à son point capital, il constatait que l'on trouvait dans sa pièce ce qu'il y a de plus essentiellement turc : « l'éternelle oisiveté » du sérail exaltant l'amour et la jalousie, dans le mépris musulman de la mort.

Aux premiers temps de l'Académie française, un bagage assez mince suffisait pour y entrer et la désignation du roi était docilement suivie. Une carrière dramatique comme celle qui, en huit ans, de 1664 à 1672, avait produit six tragédies et une comédie d'un mérite éclatant, aurait pu suffire à Racine. La bienveillance déclarée de Louis XIV fit le reste. Il fut admis, à sa première tentative, et reçu le 12 janvier 1673, le même jour que Fléchier et l'abbé Gallois. Colbert assistait à la séance. Si jamais homme, par la finesse de l'esprit et la délicatesse du goût, comme aussi par un talent de diction demeuré célèbre, fut merveilleusement doué pour l'éloquence académique, c'était Racine. Il le prouva plus tard, notamment en 1685, lorsqu'il reçut Thomas Corneille et rendit à la mémoire de Pierre l'admirable hommage que l'on sait. Cependant, son début fut des plus ternes : « Le remerciement de mon père, dit Louis Racine, fut fort simple et fort court, et il le prononça d'une voix si basse que M. Colbert n'en entendit rien, et que ses voisins même en entendirent à peine quelques mots. » Ce malheureux discours ne s'est pas retrouvé.

Le lendemain, 13 janvier, est la date probable de la première représentation de *Mithridate*. Plus encore que pour *Bajazet*, l'envie se trouva réduite au silence. Mme de Coulanges, écrivant à Mme de Sévigné, prenait en ces termes sa part de l'enthousiasme général : « *Mithridate* est une pièce charmante; on y pleure, on y est dans une continuelle admiration; on la voit trente fois, on la trouve plus belle la trentième que la première. » Le poète pouvait donc, une fois de plus, parler de sa pièce d'un ton uni. Toutefois, le reproche d'infidélité historique lui tenait à cœur, et il consacrait toute une préface à le réfuter : « Tout le monde, disait-il, reconnaîtra aisément que j'ai suivi l'histoire avec beaucoup de fidélité. » Et il rappelait en détail ses autorités.

A la cour, plusieurs représentations de *Mithridate* avaient lieu coup sur coup. Le compte rendu par le *Mercure* de celle du 9 mai, donnée à Saint-Cloud, chez Monsieur et Madame, recevant la dauphine nouvellement mariée, est précieux pour l'histoire de la tragédie au XVIIe siècle :

Le lieu qui devoit servir de théâtre étoit préparé dans l'ancien salon. Des paravents d'une grande beauté, entre lesquels étoient des guéridons d'argent, portant des girandoles garnies de bougies, faisoient la décoration de ce théâtre. Entre chaque guéridon on voyoit des pots remplis de toutes sortes de fleurs avec des vases et des cuvettes d'argent. Au fond du théâtre, il y avoit une manière d'amphithéâtre dressé dans la grande croisée qui regarde Paris. Cet amphithéâtre étoit plein de girandoles garnies de bougies, de vases et d'autres ouvrages d'argent remplis de fleurs.

Dans une page fameuse, Taine a marqué le rapport qui existe entre la pompe élégante de la tragédie racinienne et le luxe royal au milieu duquel elle était jouée. Pour saisir ce rapport au complet, il suffit de parcourir les gravures d'Israël Silvestre et de Lepautre, représentant les fêtes de Versailles. Mais cette vue ingénieuse n'accorde-t-elle pas trop d'importance au cadre que la tragédie classique recevait à la cour? Le même genre s'accommodait aussi des salles misérables du Marais et de l'Hôtel de Bourgogne, ces salles en forme de rectangle, avec leurs décors élémentaires, la scène encombrée de spectateurs, les loges incommodes, le parterre debout, l'éclairage de chandelles fumeuses. L'élégance et la pompe étaient surtout dans l'esprit du poète et de son public.

Avec *Mithridate*, Racine n'avait pas réussi seulement, comme dans *Britannicus*, à reproduire la grandeur de l'histoire. Il avait fait parler l'héroïsme de manière à rivaliser avec Corneille. La grandeur d'âme de Louis XIV trouvait particulièrement à se satisfaire dans la nouvelle tragédie. Onze ans après, en 1684, Dangeau constate que, de toutes les pièces, non seulement de Racine, mais de la « comédie françoise », c'est encore *Mithridate* « qui lui plaît le plus ». Les héros sentaient de même : ainsi Charles XII et le prince Eugène de Savoie.

D'*Andromaque* à *Mithridate*, Racine avait traité un sujet grec, mais avec une grande liberté d'invention; à trois reprises il avait profondément pénétré l'histoire romaine; il avait deviné l'Orient contemporain. Avec *Iphigénie* et *Phèdre*, il va s'attacher étroitement aux modèles grecs. Dans la pleine possession de son génie, il tente une lutte respectueuse avec les œuvres où il voit la plus pure expression de l'art dramatique. Le choix même de ces modèles atteste la profondeur de son admiration. Il n'essaye pas de lutter avec Sophocle, dont la perfection lui semble inimitable; il s'attache à Euripide, plus accessible.

La légende d'*Iphigénie* a deux aspects, l'un gracieux, l'autre terrible, que les tragiques grecs ont combinés. Lucrèce, qui l'a résumée en quelques vers d'une sombre beauté, n'en a voulu montrer que l'horreur. Dans sa préface, par l'énumération de ces divers modèles, Racine montre qu'il les a tous méditės; mais, en suivant Euripide, il pouvait mettre en lumière ce qu'il aimait par-dessus tout, une lutte des sentiments : le conflit, dans l'âme d'Agamemnon, du devoir royal et de l'amour paternel.

Il semble, du reste, que la légende d'Iphigénie le préoccupait depuis longtemps. Le plan en prose du premier acte d'une *Iphigénie en Tauride*, retrouvé dans ses papiers, est peut-être antérieur à l'*Iphi-*

génie en Aulide. Il se serait décidé pour la seconde, d'après un contemporain, parce que la première « n'avait point de matière pour un cinquième acte ». Il est plus probable qu'il fut séduit par la poignante délibération morale et aussi par le charme de jeunesse que lui offrait l'Iphigénie d'Aulis.

On vient de voir pour *Mithridate* une représentation de la pièce dans les salons de Saint-Cloud. Ce rapport entre l'œuvre, les spectateurs et le décor, réalisé pour *Mithridate* peu de temps après la première représentation à Paris, *Iphigénie* le montre dès sa première apparition, car la pièce fut jouée d'original à Versailles, le 18 août 1674, au milieu des « divertissements donnés par le Roi à toute sa cour, au retour de la conquête de la Franche-Comté ». Cette fois, la représentation avait lieu en plein air, dans un de ces salons de verdure qui prolongeaient les palais royaux. La description de Félibien complète, pour *Iphigénie*, celle que le *Mercure* donnait de *Mithridate :*

La décoration représentoit une longue allée de verdure où, de part et d'autre, il y avoit des bassins de fontaines, et, d'espace en espace, des grottes d'un travail rustique, mais travaillé très délicatement. Sur leur entablement régnoit une balustrade où étoient arrangés des vases de porcelaine pleins de fleurs; les bassins des fontaines étoient de marbre blanc, soutenus par des tritons dorés, et dans ces bassins on en voyoit d'autres plus élevés qui portoient de grandes statues d'or. Cette allée se terminoit dans le fond du théâtre par des tentes qui avoient rapport à celles qui couvroient l'orchestre; et au delà paraissoit une longue allée, qui étoit l'allée même de l'Orangerie, bordée des deux côtés de grands orangers et de grenadiers, entremêlés de plusieurs vases de porcelaine remplis de diverses fleurs. Entre chaque arbre il y avoit de grands candélabres et des guéridons d'or et d'azur qui portoient des girandoles de cristal, allumées de plusieurs bougies. Cette allée finissoit par un portique de marbre; les pilastres qui en soutenoient la corniche étoient de lapis, et la porte paroissoit toute d'orfèvrerie. Sur ce théâtre,... la troupe des comédiens du Roi représenta la tragédie d'*Iphigénie*, dernier ouvrage du sieur Racine, qui reçut de toute la cour l'estime qu'ont toujours les pièces de cet auteur.

Une suite d'estampes gravées par Lepautre nous montre les six journées des fêtes. On y voit les représentations de l'*Alceste* de Quinault et du *Malade imaginaire* de Molière. Il est regrettable que l'artiste ne nous ait pas laissé également celle d'*Iphigénie*. Du moins nous a-t-il conservé le somptueux décor dans lequel « le roi des rois » parut devant Louis XIV.

Le succès fut éclatant et unanime, un succès d'émotion que Robinet constatait en son style burlesque : La cour, dit-il, fut « toute pleine de pleureurs ». Paris voyait à son tour la nouvelle pièce dans les premiers jours de janvier 1675 et lui faisait le même accueil que Versailles. Boileau a consacré le souvenir des pleurs versés devant cet « heureux spectacle ». La critique était réduite à se taire. Un acharné détracteur du poète, Barbier d'Aucour, dans son *Apollon charlatan*, continuait ses froides plaisanteries sur d'autres thèmes, mais, pour *Iphigénie*, il lui était impossible, malgré qu'il en eût, de nier l'évidence :

Elle fait chaque jour par des torrents de pleurs
Renchérir les mouchoirs aux dépens des pleureurs.

Un jésuite homme de goût, Pierre de Villiers, constatait que, en concentrant l'intérêt sur un rôle de jeune fille, « le grand succès de l'*Iphigénie* a désabusé le public de l'erreur où il étoit qu'une tragédie ne pouvoit se soutenir sans un violent amour ». Il voyait encore plus juste et semblait prévoir l'avenir en émettant l'avis que des pièces saintes pouvaient plaire, « pourvu qu'elles soient conduites par d'excellents auteurs, qui aient assez de génie pour en soutenir la majesté ».

Le principal reproche adressé jusqu'ici à Racine, l'insuffisance de la vérité historique, ne trouvait plus cette fois à s'appliquer. Le sujet ne comportait que du pathétique et de la grandeur. Les réserves que la pièce pouvait soulever — trop de noblesse chez Iphigénie et Agamemnon, trop de galanterie chez Achille — n'étaient pas de celles qui s'offraient au goût du temps. La France monarchique et polie se reconnaissait dans ce tableau. Racine put donc, pour la première fois, goûter sans mélange d'amertume la douceur de son triomphe. Plus encore que celle de *Mithridate*, la préface d'*Iphigénie* est calme et unie. Le poète constate, lui aussi, le succès d'émotion et en rapporte modestement le principal honneur à son modèle grec : « Le goût de Paris, dit-il, s'est trouvé conforme à celui d'Athènes. Nos spectateurs ont été émus des mêmes choses qui ont mis autrefois en larmes le plus savant peuple de la Grèce. » Il se borne à justifier, sur l'autorité de Pausanias, sa principale addition à la donnée d'Euripide, le rôle d'Eriphyle.

S'il n'était pas possible d'enrayer le succès d'*Iphigénie*, ne l'était-il pas de le détourner, en empruntant le même sujet? Un confrère de Racine à l'Académie française, Le Clerc, eut cette idée ingénieuse, de concert avec Coras, une obscure « victime de Boileau ». Bien vite les deux compères se mettaient à l'œuvre, et, le 24 mai 1675, ils faisaient représenter une *Iphigénie* sur le théâtre Guénégaud. L'œuvre était misérable. Non seulement les plagiaires volaient Racine, mais encore Rotrou, auteur d'une *Iphigénie* qui n'avait été d'aucun secours à Racine. Avaient-ils eu seuls cette idée, ou leur avait-elle été soufflée? On ne sait, mais il est à remarquer qu'ils faisaient ainsi le premier essai de la manœuvre qui allait être reprise contre *Phèdre*. Le procédé n'était pas encore assez parfait pour aboutir; une seconde tentative en tirera le plein effet. En attendant, l'*Iphigénie* de Le Clerc et Coras tombait lourdement. Pour toute vengeance, Racine laissait courir la méprisante épigramme que l'on sait.

Dans les derniers mois de 1676 et même, sans doute, avant cette époque, on savait que Racine travaillait à un nouveau sujet, imité de l'*Hippolyte couronné*, d'Euripide. La pièce était représentée à l'Hôtel de Bourgogne le 1er janvier 1677, sous le titre de *Phèdre et Hippolyte*. Deux jours après, le théâtre de la rue Guénégaud donnait *Phèdre et Hippolyte* de Pradon. Cette concurrence était le fait d'une cabale enragée de haine et de jalousie. Nous allons la voir à l'œuvre.

Iphigénie avait mis en action une lutte de sentiments dans le cœur des mêmes personnages. Ce genre de ressorts dramatiques n'était pas nouveau dans le théâtre de Racine; *Andromaque* et surtout *Bérénice* les avaient déjà employés. Mais ils se trouvaient combinés avec d'autres ou secondaires. Dans *Iphigénie*, ils sont dominants; dans *Phèdre*, ils vont régler toute la pièce. Le poète a lui-même exposé son dessein dans sa préface :

Je n'ose encore assurer, disait-il, que cette pièce soit la meilleure de mes tragédies. Je laisse aux lecteurs et au temps à décider de son véritable prix. Ce que je puis assurer, c'est que je n'en ai point fait où la vertu soit plus mise en jour que dans celle-ci... C'est là proprement le but que tout homme qui travaille pour le public doit se proposer; et c'est ce que les premiers poètes tragiques avoient en vue sur toute chose. Leur théâtre étoit une école où la vertu n'étoit pas moins bien enseignée que dans les écoles des philosophes.

Ainsi, non seulement la vertu, c'est-à-dire la lutte contre les passions, est représentée de parti pris dans *Phèdre*, mais le poète veut la proposer à l'imitation.

Ce dessein n'est pas plus exceptionnel chez Racine que chez ses contemporains. Corneille et Molière parlent comme lui. Jamais la théorie de l'art pour l'art ne fut moins en honneur qu'en ce temps-là. Tous les poètes ont l'intention de faire du théâtre « une école de vertu ». Mais cette intention est plus ou moins affichée; elle est moins visible dans le *Cid* que dans *Cinna*, dans *Rodogune* que dans *Pompée;* surtout, si elle est dans le *Misanthrope* et *Tartufe*, elle n'est rien moins qu'apparente dans les *Fourberies de Scapin* et le *Médecin malgré lui*. Avec Racine lui-même, elle ne ressort guère de *Britannicus*, de *Bajazet* et de *Mithridate*, où la morale de l'auteur inspire la pièce, mais ne s'y marque pas expressément. L'intention morale qui était au fond d'*Andro-*

maque et de *Bérénice* ressort plus nettement dans *Iphigénie;* elle est ouvertement déclarée dans *Phèdre*.

De là ce que Racine appelle modestement « la route un peu différente de celle d'Euripide qu'il a suivie pour la conduite de l'action ». En réalité, tout en « prenant son sujet » au poète grec et même « en enrichissant sa pièce de tout ce qui lui a paru le plus éclatant dans la sienne », il a profondément transformé le caractère principal, celui de Phèdre, — qui, bientôt, donnait son seul nom à la pièce, primitivement appelée, comme on vient de le voir, *Phèdre et Hippolyte*, — alors que, dans la tragédie grecque, Hippolyte est le protagoniste.

Dans ce rôle de Phèdre, il mettait au premier plan ce qui est secondaire dans la pièce grecque, l'horreur que Phèdre éprouve pour le crime et sa lutte contre elle-même. Par là, Racine, au sujet duquel un jésuite contemporain, dans une dissertation en forme, posait la question de savoir « s'il était poète et s'il était chrétien », rattachait directement son théâtre à la morale chrétienne. Bien plus, il éprouvait le besoin de recourir à la morale janséniste. Il faisait de la grâce le ressort de sa pièce. La grâce, c'est la faveur de Dieu, nécessaire au chrétien pour éviter le mal. C'est elle qui manque à Phèdre, « malgré soi perfide et incestueuse », disait Boileau, « engagée, disait Racine lui-même, par sa destinée et par la colère des dieux, dans une passion illégitime, dont elle a horreur toute la première ». Là est l'originalité de la *Phèdre* française. Mais ce n'est pas ce que la majorité des contemporains y vit d'abord. Il fallut même que ceux dont

Racine voulait surtout gagner le suffrage, ses anciens maîtres, fussent avertis. Quant à ceux qui allaient reprendre avec succès contre *Phèdre* le moyen essayé déjà contre *Iphigénie*, la partie morale de la nouvelle pièce était leur moindre souci.

Sous ses diverses formes, articles du seul journal littéraire qu'il y eut alors, le *Mercure*, ou dissertations spéciales, la critique se montrait très sévère pour *Phèdre*. Donneau de Visé en louait les vers, mais, pour le sujet, il estimait qu'on aurait bien fait « d'en épargner l'horreur aux spectateurs français ». Subligny condamnait de même le sujet, s'acharnait contre les caractères, se répandait sur le style en lourdes facéties et pédantes chicanes. Pradon ne se contentait pas de rivaliser en vers avec Racine; il l'attaquait en prose et s'écriait : « Voilà une grande fortune pour notre siècle de voir courir une femme après le fils de son mari ! » C'est pourtant le même sujet qu'il traitait de son côté.

Ce fatras d'envie et de haine a été résumé et jugé par Boileau, dans quelques vers de la plus belle pièce qu'il ait écrite. Il est probable que les ennemis de Racine n'auraient pas obtenu pour *Phèdre* plus de résultats de leurs efforts que pour les tragédies antérieures, sans la cabale puissante que forma la duchesse de Bouillon. La duchesse était une Mancini. Elle avait l'esprit et l'orgueil de sa famille. Elle était instruite, aimait les vers, en faisait volontiers et recevait une société brillante où se mêlaient grands seigneurs et poètes, comme jadis à l'Hôtel de Rambouillet. La Fontaine, qui allait partout où il se trouvait bien, en était; Molière y avait été reçu; Corneille y venait encore. Le premier reprochait respectueusement à la duchesse son goût de la dispute littéraire :

> Les Sophocles du temps et l'illustre Molière
> Vous donnent toujours lieu d'agiter quelque point.
> Sur quoi ne disputez-vous point?

Avec son goût pour Molière et Corneille, il n'était pas surprenant qu'elle n'aimât guère Racine. D'autant que ce goût s'étendait aussi aux précieux de petit talent et de grande vanité, comme Segrais et Benserade, qui avaient Racine en horreur. Agressive et impérieuse, la duchesse était une ennemie redoutable et, comme dit Saint-Simon, « un tribunal avec lequel il falloit compter ». Son frère, le duc de Nevers, n'aimait pas davantage Racine et, par surcroît, détestait Boileau.

Un bel esprit femelle, la prétentieuse et fade Mme Deshoulières, précieuse invétérée, offrit à la duchesse l'instrument dont elle avait besoin pour nuire à Racine. Elle lui procura un jeune poète rouennais, Pradon, auteur de deux médiocres tragédies et fort capable d'en faire une troisième sur commande. Il fut prêt au temps voulu. La duchesse loua les premières loges pour les six premières représentations de chaque pièce. Par ce moyen, qui lui coûta quinze mille livres, elle faisait le plein à celle de Pradon et le vide à celle de Racine. En conséquence, « les six premières représentations, rapporte Louis Racine, furent si favorables à la *Phèdre* de Pradon et si contraires à celle de mon père, qu'il étoit près de craindre pour elle une véritable chute... La bonne tragédie rappela enfin les spectateurs. » Il semble que Racine, connaissant la main qui menait cette campagne et la sachant peu scrupuleuse, ait prié Louis XIV de lui éviter cette concurrence. Louis XIV resta dans son rôle en l'autorisant. Cette démarche montre du moins l'inquiétude du poète. Malgré le succès final, il demeura ulcéré.

D'autant plus qu'un moment il avait pu craindre pour sa personne. Le soir même où sa *Phèdre* était représentée, la cabale se réunissait chez Mme Deshoulières et composait en collaboration le sonnet fameux :

> Dans un fauteuil doré, Phèdre, tremblante et blême,
> Dit des vers où d'abord personne n'entend rien...

Très ordurier et fort médiocre, ce sonnet n'est méchant que d'intention. Toute différente est la réponse que Racine, piqué au vif, fit aussitôt sur les mêmes rimes, avec la collaboration de Boileau, peut-être aussi de quelques grands seigneurs de ses amis. Elle était d'une hardiesse encore plus directe et sanglante que les épigrammes lancées, à propos d'*Andromaque*, contre d'Olonne et Créqui :

> Il n'est ni courtisan, ni guerrier, ni chrétien,

y était-il dit du duc de Nevers. Quant à sa sœur, on rappelait une accusation d'inceste jadis portée contre elle.

Le scandale de cette riposte fut aussi grand que l'était la distance sociale entre les deux parties. Le duc de Nevers, furieux, riposta par un nouveau sonnet qui se terminait par une menace

... De coups de bâton donnés en plein théâtre.

On voit, par une lettre de Bussy, quels étaient dans l'affaire les sentiments de l'opinion titrée : « Bien que ces injures fussent des vérités, elles devoient attirer mille coups d'étrivières à des gens comme ceux-là. » Les deux poètes ne se piquaient ni l'un ni l'autre du courage alors réservé aux nobles et aux gens d'épée, et ils avaient grand'peur. Le grand Condé intervint et leur fit adresser ce billet par son fils M. le Duc : « Si vous n'avez pas fait le sonnet, venez à l'hôtel de Condé, où Monsieur le Prince saura bien vous garantir de ces menaces, puisque vous êtes innocents, et si vous l'avez fait, venez aussi à l'hôtel de Condé, et Monsieur le Prince vous prendra de même sous sa protection, parce que le sonnet est très plaisant et plein d'esprit. » Cependant, quelque temps après, Pradon faisait courir le bruit que Boileau avait été bâtonné. Le grand Condé intervenait encore et faisait dire au duc de Nevers « qu'il vengeroit comme faites à lui-même les insultes qu'on s'aviseroit de faire à deux hommes qu'il aimoit ». Cette fois, l'affaire était terminée.

Nous en avons comme le résumé poétique et la morale littéraire dans l'épître de Boileau « sur l'utilité des ennemis ». Malheureusement, malgré les chaleureuses consolations de son ami, Racine conservait une impression décourageante qui, jointe à d'autres causes, allait l'écarter du théâtre pendant douze ans. *Phèdre* devait être sa dernière tragédie profane. Il conservera pour ce chef-d'œuvre persécuté une préférence qui s'exprimait encore après *Athalie*. Boileau lui demandant « quelle étoit celle de ses tragédies qu'il estimoit le plus », il répondait : « Je suis pour *Phèdre* et M. le prince de Condé est pour *Athalie*. » Mais recommencer pareille tentative, même pour un pareil succès, lui était désormais impossible, par suite d'une résolution dont il reste à chercher les causes assez diverses.

CHAPITRE III

RETRAITE DU THÉATRE
VIE DE FAMILLE ET DE COUR

Parmi les causes de la retraite de Racine, il convient d'écarter d'abord une trahison de Mlle Champmeslé, l'abandonnant pour le comte de Clermont-Tonnerre. Très probablement Racine n'a pas quitté le théâtre parce que la Champmeslé le quittait, mais il a quitté la Champmeslé parce qu'il quittait le théâtre. Peut-être un triste souvenir de ses amours de coulisses eut-il une influence sur sa résolution; mais, comme nous le verrons tout à l'heure, il se rapportait à Mlle du Parc.

En attendant, des raisons plus hautes agissaient sur son âme. L'âge, d'abord, l'inclinait aux pensées sérieuses. Il avait trente-huit ans; la jeunesse était passée. L'ancien élève de Port-Royal commençait à songer que l'amour et la gloire ne sont pas le seul but de la vie. Il avait trouvé dans la carrière des lettres autant d'amertume que de douceur. Les germes déposés dans son âme par les solitaires levaient et grandissaient après un long sommeil. Le choix du sujet dans sa dernière tragédie, et surtout la manière dont il l'avait traité, était un premier indice de ces dispositions. En proposant un but moral au théâtre, il avait ainsi terminé la préface de *Phèdre :* « Ce seroit peut-être un moyen de réconcilier la tragédie avec quantité de personnes célèbres par leur piété et par leur doctrine, qui l'ont condamnée dans ces derniers temps, et qui en jugeroient sans doute plus favorablement si les auteurs songeoient autant à instruire les spectateurs qu'à les divertir. »

C'était une avance à ses anciens maîtres et un commencement d'excuses. La mère de Sainte-Thècle fut la première à recevoir l'expression de ce repentir : « C'est elle, écrivait plus tard Racine à Mme de Maintenon, qui m'apprit à connoître Dieu dans mon enfance, et c'est elle aussi dont Dieu s'est servi pour me tirer de l'égarement et des misères où j'ai été engagé pendant quinze années. » Encouragé par elle, il osa rendre visite à Nicole. « Il ne lui fut pas difficile, raconte Louis Racine, de faire sa paix avec M. Nicole, qui ne savoit pas ce que c'étoit que la guerre et qui le reçut à bras ouverts. »

L'entreprise était plus malaisée avec le grand Arnauld, « qui avoit toujours sur le cœur les plaisanteries écrites sur la mère Angélique ». En aidant cette fois de quelque diplomatie sa franchise accoutumée, Boileau rendit possible la démarche suprême. Il porta *Phèdre* à Arnauld, et lui demanda son sentiment : « Il n'y a rien, répondit Arnauld, à reprendre au caractère de Phèdre, puisque, par ce caractère, il nous donne cette grande leçon que, lorsqu'en punition de fautes précédentes, Dieu nous abandonne à nous-mêmes et à la perversité de notre cœur, il n'est point d'excès où nous ne puissions nous porter, même en les détestant. » Après cette déclaration, l'auteur pouvait venir lui-même, et Louis Racine raconte ainsi la réconciliation : « Boileau, charmé d'avoir si bien conduit sa négociation, demanda à M. Arnauld la permission de lui amener l'auteur de la tragédie. Ils vinrent chez lui le lendemain, et, quoiqu'il fût en nombreuse compagnie, le coupable, entrant avec l'humilité et la confusion peintes sur le visage, se jeta à ses pieds; M. Arnauld se jeta aux siens; tous deux s'embrassèrent. » On songe à la scène fameuse de *Tartufe*, mais pour remarquer combien, par la différence des sentiments, un même acte, de ridicule, peut devenir touchant.

Dès lors, le divorce de Racine avec le théâtre était consommé. « Il résolut, dit Louis Racine, non seulement de ne plus faire de tragédies, et même de ne plus faire de vers; il résolut encore de réparer ceux qu'il avait faits, par une rigoureuse pénitence. La vivacité de ses remords lui inspira le dessein de se faire chartreux. » Son confesseur « trouva ce parti trop violent » et lui conseilla « de rester dans le monde et d'en éviter les dangers, en se mariant à une personne remplie de piété ». Il suivit ce conseil, et, le 1er juin 1677, par l'entremise de « sages amis », il épousait Catherine de Romanet.

« L'amour ni l'intérêt n'eurent aucune part à son choix, continue son fils; il ne consulta que la raison pour une affaire si sérieuse. » C'était, en effet, un pur mariage de convenances. Catherine de Romanet, âgée de vingt-cinq ans et orpheline, appartenait à une très honorable famille : elle était fille d'un conseiller du roi, trésorier de France en la généralité d'Amiens. Elle apportait à son mari 22,000 livres en biens fonds et 3,600 livres de rente. Racine, pourvu depuis 1674, par la protection de Colbert, du titre de trésorier en la généralité de Moulins, avait les 2,400 livres de gages attachés à sa charge, 1,000 livres de rente, 1,500 livres « de pension qu'il plaît au Roi de lui donner », et une somme de 6,000 livres argent comptant. Il possédait en outre une bibliothèque évaluée à 1,500 livres et un mobilier évalué à 3,000. Celui-ci dénote les goûts élégants du poète. On y relève, en effet, « un lit et tous les meubles de damas vert, un autre lit de brocart en or et argent avec franges, doublé de satin aurore, une tenture de tapisserie de Flandres, trois tentures de tapisserie de Bergame, un grand miroir, plusieurs tableaux, une montre à pendule ».

D'illustres amis signaient à son contrat de mariage. C'étaient « LL. AA. SS. Mgr le Prince et Mgr le Duc; Mgr le duc d'Albert; Mgr de Lamoignon, premier président; Mgr Colbert, ministre d'Estat et madame son épouse; Mgr le Mis de Seignelay, secrétaire d'Estat, et madame son épouse; M. Jacques-Nicolas Colbert, abbé du Bec; Mess. de Lamoignon, avocat-général; M. de Basville, maître des requêtes; M. de Gourville; M. du Metz, garde du trésor royal », et plusieurs parents et amis, parmi lesquels « M. François Le Vasseur, prieur d'Auchy », le compagnon de jeunesse, le petit abbé d'autrefois, désormais rangé, sous l'habit blanc de Saint-Jean des Vignes. Quant à Boileau, « M. Nicolas, Sr des Préaux », il assistait au mariage, comme témoin, avec « Nicolas Vitart, seigneur de Passy ».

Ainsi, Racine entrait dans la vie sérieuse avec les honneurs et la fortune. S'il renonçait au théâtre pour mener une existence chrétienne, il ne renonçait pas au monde. Admis à la cour depuis longtemps, il va pénétrer fort avant dans la faveur royale et recevoir un titre qui fera de lui un personnage autrement considérable en ce temps-là qu'un poète applaudi. Au mois d'octobre 1677, probablement par la protection de Mme de Montespan, il était nommé, en même temps que Boileau, historiographe du roi. Si, malgré ses sentiments religieux et son mariage, il avait conservé quelque intention de revenir un jour au théâtre, ces fonctions, — qu'il se proposait de remplir en conscience, en s'y préparant par des études absorbantes et en suivant les fréquentes campagnes du roi, — ne lui auraient guère laissé le loisir de travailler pour la scène. Il est peu probable que Louis XIV lui ait imposé une renonciation formelle à la poésie, mais il n'entendait pas confier une sinécure aux deux poètes. Mme de Sévigné écrivait que le roi leur avait commandé « de tout quitter pour travailler à son histoire ». Boileau parle lui-même dans une préface du « glorieux emploi qui l'a tiré du métier de la poésie ». Ainsi, scrupules religieux, vie nouvelle, faveur du roi, tout se réunissait pour couper à Racine tout retour vers le théâtre profane.

Si ces causes n'avaient pas suffi, un effrayant

danger qu'il courait deux ans après lui aurait inspiré l'horreur de son ancien métier. La mystérieuse affaire des poisons se déroulait devant la *Chambre ardente.* Le 21 novembre 1679, une des accusées, la Voisin, mettait Racine en cause. Elle avançait que Racine, « ayant épousé secrètement Du Parc, étoit jaloux de tout le monde et particulièrement d'elle, Voisin, dont il avoit beaucoup d'ombrage et qu'il s'en étoit défait par poison, à cause de son extrême jalousie, et que, pendant la maladie de Du Parc, Racine ne partoit point du chevet de son lit, qu'il lui tira de son doigt un diamant de prix, et avoit aussi détourné les bijoux et principaux effets de Du Parc, qui en avoit pour beaucoup d'argent ». Il n'y a là, certainement, qu'une abominable invention de femme perdue, une de ces calomnies que la méchanceté, la corruption et l'avidité soulèvent dans l'entourage des femmes galantes. Racine avait dû défendre à sa maîtresse de recevoir la Voisin. De là furieuse colère de celle-ci, qui, au bout de onze ans, essayait de se venger en impliquant le poète dans une formidable accusation. De preuves, elle n'en donnait aucune, et la procédure de l'affaire, publiée dans les *Archives de la Bastille*, n'en contient pas trace. Cependant, une lettre écrite le 11 janvier 1680 par Louvois au conseiller d'État Bazin de Bezons se termine ainsi : « Les ordres du Roi nécessaires pour l'arrêt du sieur Racine vous seront envoyés aussitôt que vous le demanderez. » Il est difficile de douter qu'il soit ici question du poète. Mais il n'y eut pas d'arrestation : Racine avait pu se justifier auprès du roi et de Louvois.

Ce n'en était pas moins une terrible aventure. Ainsi, au bout de dix ans, le souvenir d'une liaison avec une comédienne pouvait avoir de telles conséquences! La tourmente passée, Racine devait se tenir plus fermement que jamais à sa résolution de se renfermer dans ses devoirs de famille et de cour.

Qu'il ait été parfaitement heureux comme mari, on ne saurait en douter. Tout ce que l'on sait de son existence privée confirme le témoignage de Louis Racine : « Sa compagne sut, par son attachement à tous les devoirs de femme et de mère, et par son admirable piété, le captiver entièrement, faire la douceur du reste de sa vie, et lui tenir lieu de toutes les sociétés auxquelles il venoit de renoncer. » Le fils mentionne à ce sujet une correspondance où abondaient les « termes tendres » et où le poète communiquait à sa femme « ses pensées les plus secrètes », mais « que, sans doute pour lui obéir, elle ne conservoit pas ».

En effet, la correspondance aujourd'hui connue ne renferme qu'une de ces lettres, écrite après quinze ans de mariage (15 mai 1692), tandis que Racine accompagnait le roi au siège de Namur. Elle commence par employer le *vous* et ne contient que des nouvelles fort simples, simplement écrites et de celles qui peuvent intéresser un esprit simple. Mais, à la fin, la tendresse paraît, conjugale en même temps que paternelle : « Adieu, mon cher cœur; embrasse nos enfants pour moi. Exhorte ton fils à bien étudier et à servir Dieu... Ecris-moi souvent, ou lui. Adieu, encore un coup. »

Simple, Mme Racine l'était à un degré rare, et,

ici encore, le mieux est de laisser parler son fils : « (Elle) porta l'indifférence pour la poésie jusqu'à ignorer toute sa vie ce que c'est qu'un vers, et m'ayant entendu parler, il y a quelques années, de rimes masculines et féminines, elle m'en demanda la différence... Elle ne connut ni par les représentations, ni par la lecture, les tragédies auxquelles elle devait s'intéresser; elle en apprit seulement les titres par la conversation. » En revanche, elle était « une compagne uniquement occupée du ménage, ne lisant de livres que ses livres de piété, ayant d'ailleurs un jugement excellent, et étant d'un très bon conseil en toute occasion ». La correspondance de Racine avec son fils Jean-Baptiste, attaché d'ambassade en Hollande, renferme deux lettres de Mme Racine. Raisonnablement affectueuses, pleines de conseils pratiques et de petites nouvelles de famille, elles sont d'une rare insignifiance. Mme Racine ressemblait aussi peu que possible à Mme de Sévigné. Cependant, si Racine avait renoncé au théâtre profane, il continuait à aimer les lettres et à lire assidûment. Il prononçait à l'Académie française, au sujet du grand Corneille, le plus bel éloge des lettres qui soit sorti d'une bouche française. Il écrivait l'histoire du roi, et son génie dramatique, s'appliquant aux livres saints, donnera *Esther* et *Athalie*. Avec tout cela, il se trouve que la femme selon le cœur de Racine est l'idéal de la femme selon Chrysale. Louis Racine, bon fils, mais un peu poète, n'a pu s'empêcher de faire cette remarque : « On avouera que la religion a dû être le lien d'une si parfaite union entre deux caractères aussi opposés. »

De ce mariage naquirent sept enfants, deux fils et cinq filles. L'aîné des fils, Jean-Baptiste, entré dans la carrière diplomatique, mourut en 1747, après avoir aimé les lettres et la solitude, sans écrire. L'aînée des filles, Marie-Catherine, essaya deux fois de la vie religieuse, aux Carmélites du faubourg Saint-Jacques et à Port-Royal, puis épousa M. Collin de Moramber. La seconde, Anne, que ses parents appelaient *Nanette*, entra aux Ursulines de Melun. La troisième, Élisabeth, *Babet*, entra dans l'ordre de Fontevrault, au couvent de Viéville. Les deux dernières, Jeanne-Nicole-Françoise, *Fanchon*, et Madeleine, *Madelon*, furent aussi religieuses, aux Ursulines de Melun. Le dernier des enfants et le second des fils, *Lionval*, fut Louis Racine.

Au milieu de cette famille, qui reproduisait avec une variété charmante les traits de sa nature sensible et inquiète, Racine pratiquait toutes les vertus d'un bon père. Il redevenait enfant avec *Babet*, *Fanchon*, *Madelon*, *Nanette* et *Lionval*; — seuls, les deux aînés, garçon et fille, ne portaient point de ces diminutifs, par respect du droit d'aînesse. Il préférait le bonheur de leur société à la recherche des grands. Deux anecdotes, contées par Louis Racine, le montrent ainsi dans son intérieur et sont restées célèbres. Un jour, il revenait de Versailles, où il était allé faire sa cour, lorsqu'un écuyer de M. le Duc lui apporte une invitation à dîner pour le soir même : « Je n'aurai point l'honneur d'y aller, lui répondait-il; il y a plus de huit jours que je n'ai vu ma femme et mes enfants, qui se font une fête de manger aujourd'hui avec moi une très belle carpe;

je ne puis me dispenser de dîner avec eux ». Et il faisait apporter la carpe, en ajoutant : « Jugez vous-même si je puis me dispenser de dîner avec ces pauvres enfants, qui ont voulu me régaler aujourd'hui, et n'auroient plus de plaisir s'ils mangeoient ce plat sans moi. Je vous prie de faire valoir cette raison à son Altesse Sérénissime. » La piété, le premier des devoirs observés dans la maison de Racine, avait sa place jusque dans les jeux de ses enfants. « Je me souviens, dit Louis Racine, de processions dans lesquelles mes sœurs étoient le clergé, j'étois le curé, et l'auteur d'*Athalie*, chantant avec nous, portoit la croix. » Il faisait tous les soirs la prière au milieu de ses enfants et de ses domestiques, en y ajoutant « la lecture de l'Évangile du jour, que souvent il expliquoit lui-même par une courte exhortation proportionnée à la portée de ses auditeurs et prononcée avec cette âme qu'il donnoit à tout ce qu'il disoit ».

L'inventaire fait après son décès nous introduit dans la maison de la rue des Marais, aujourd'hui rue Visconti, qui fut son dernier domicile; maison fameuse, qui aurait été habitée avant lui par Mlle Champmeslé et, après lui, par Mlles Lecouvreur et Clairon. Une plaque conserve le souvenir de ces hôtes, mais, dût la légende y perdre, l'identification de cette demeure n'est pas certaine, et c'est tant mieux : on ne se figure pas Racine vivant en famille dans la maison où il avait aimé la Champmeslé.

Il avait l'installation dont ses charges et ses relations lui faisaient un besoin. « Sous les remises estant dans la cour », il y avait « un carrosse couppé, doublé de velours rouge, à ramages, une petite chaise roulante », et « deux chevaux ongres sous poil blanc, à courtes queues, vieux et caducques ». On croirait entrer chez un prélat, conciliant la modestie de ses goûts avec le luxe nécessaire à sa dignité. Racine en « manteau d'écarlate rouge » et en « veste de gros de Tours à fleurs d'or », avec « une petite épée à garde et poignée d'argent », partant pour Versailles ou Fontainebleau dans son carrosse rouge, traîné par ses deux vieux chevaux, ne rappelle pas du tout M. Jourdain allant montrer son bel habit par la ville. A Paris, lorsqu'il allait à l'église ou à l'Académie, il devait être vêtu plus simplement, de « justaucorps, veste et culotte de drap noir ». Dans sa chambre et dans son cabinet, il avait « une robe de chambre bordée de satin violet, avec un bonnet de velours rouge et étoffe d'or au-dessus ». Pour Mme Racine, l'inventaire relève à son usage « trois robes de chambre, dont l'une en velours cramoisy, une autre de taffetas de la Chine blanc, et l'autre de satin jaune, un jupon bleu de moire d'Angleterre, une robe de chambre et une jupe d'étamine grise, avec une paire de bouts de manche d'étoffe d'or ».

Le mobilier de la maison, — vaste comme il convient à une famille nombreuse et louée 974 livres par an, somme considérable pour l'époque, — est à l'avenant. On y relève en quantité les cabinets, fauteuils, tapisseries, tableaux, miroirs, les porcelaines et faïences « servant de garniture aux cheminées ». La chambre de Mme Racine est élégante et riche;

celle de Racine, d'un luxe plus sobre. La vaisselle d'argent et les bijoux font un total de 7,330 livres. On y trouve les bijoux de Mme Racine, « un collier de 46 perles rondes d'Orient, une boucle de ceinture de diamans, une bastière de diamans », et les trois tabatières de Racine, une d'argent et deux d'écaille.

La fortune est considérable. L'inventaire accuse 39,652 livres de biens propres à Mme Racine, 1,572 livres de rente, la propriété d'une maison, la « maison du Chat », sise rue de la Grande-Friperie et évaluée à 18,400 livres, les gages de trésorier de France à Moulins pour 2,400 livres, 2,000 livres de pension viagère « en qualité d'homme de lettres », 4,000 comme historiographe du roi, 2,000 livres comme gentilhomme ordinaire, 2,200 livres comme secrétaire du roi, soit pour la communauté un total de revenus réguliers de 14,172 livres. En argent comptant, fermages, arrérages de rentes et gages d'offices, il se trouve, au jour du décès, une somme de 9,852 francs.

Mais ce qui nous intéresse le plus dans l'inventaire, ce sont les renseignements qu'il nous donne sur le cabinet et la bibliothèque du poète :

Dans une grande chambre servant de cabinet au dit feu sieur Racine (se trouvent) un grand bureau de racine de bois de noyer, une armoire de bois noircy à deux grands guichets garnis de fil de laiton, un miroir de glace fine avec sa bordure d'écaille, deux fauteuils de bois de noyer garnis de paille fine avec leurs coussins d'étoffe, or et argent, seize estampes, un portrait peint sur toile, dix-neuf pièces de porcelaine fine et un cabaret, façon de la Chine, deux jattes de faïence fine et cinq tasses de porcelaine, six corps de tablettes de bois de sapin, garnies de bandes de serge verte à clouds dorés, avec, par derrière, une tenture de tapisserie de Bergame, une tenture complète de tapisserie de Flandres, un petit tapis servant de devant de cheminée, de velours de couleur de caffé, avec bandes et galons, or et argent.

Tel est le décor au milieu duquel Racine lisait, méditait, écrivait l'histoire du roi, composait *Esther* et *Athalie*. La bibliothèque est nombreuse et bien choisie, riche en livres de religion, d'histoire, de géographie et de voyages. On y trouve la plupart des classiques anciens et des auteurs français, force traités spéciaux et recueils de documents originaux. Ce n'est pas seulement la bibliothèque d'un poète, mais d'un érudit qui, en toutes choses, veut remonter aux sources, savoir avec précision et en détail. L'inspiration de Racine, si originale, partait de l'esprit le plus cultivé et le mieux informé. Pour l'usage qu'il faisait de ses livres, on le sait par ceux qui sont conservés, avec de nombreuses notes de sa main, à la Bibliothèque nationale, aux bibliothèques de Toulouse et du château de Chantilly. Les tragiques grecs, surtout, dénotent l'étude la plus attentive. Et il aimait ces livres en bibliophile. Il écrivait de Fontainebleau à son fils Jean-Baptiste : « Faites souvenir votre mère qu'il faut entretenir un peu d'eau dans mon cabinet, de peur que les souris ne ravagent mes livres. »

Sa correspondance avec sa famille nous montre le père tendre et inquiet, attentif aux plus petites choses qui intéressent la santé et l'éducation de ses enfants. Cet intérieur est le parfait modèle d'une famille janséniste, quoique la douceur naturelle du père atténue un peu la sévérité de la doctrine. Racine écrit à son fils aîné, âgé de treize ans, comme à un homme; il le reprend avec douceur sur son goût précoce pour les gazettes, mais, en même temps, il lui mande sérieusement les nouvelles de l'armée et le considère en son absence comme le chef de la famille. Deux ans après, il l'encourage à la patience dans une maladie, le conseille dans ses études, que Boileau dirige pendant l'absence du père, et engage ce critique de quinze ans à n'être pas trop sévère pour Cicéron. Sur un essai de narration historique, le combat de Steinkerque, il le félicite d'écrire « avec une grande ingénuité »; il l'engage à lire La Fontaine. Ce qui lui tient le plus à cœur, c'est la piété : « Croyez-moi, c'est là ce qu'il y a de plus solide au monde; tout le reste est bien frivole. » Sur ses diverses lectures, il lui dit le fort et le faible de chaque auteur avec une justesse concise.

Mais Jean-Baptiste a quinze ans, et l'instinct poétique s'éveille en lui. Le père frémit : « Je ne saurois trop vous recommander de ne vous point laisser aller à la tentation de faire des vers français, qui ne serviroient qu'à vous dissiper l'esprit ». Bientôt le danger grandit; Jean-Baptiste se plaint de ne pas lire assez de comédies et de romans : « Je vous dirai, écrit le père, avec la sincérité avec laquelle je suis obligé de vous parler, que j'ai un extrême chagrin que vous fassiez tant de cas de toutes ces niaiseries. » Racine a quelques mois de sérieuses inquiétudes à ce sujet, et la correspondance marque chez lui comme une honte à parler de ses pièces. Il ne veut pas écrire à son fils qu'il en a fait lui-même et que c'est son remords; s'il le faut, il le lui dira de vive voix. En attendant, il le prie de ne lui « point faire de déshonneur » en allant à la comédie, et il explique ainsi ce que le mot semble avoir d'excessif :

Je sais bien que vous ne seriez pas déshonoré devant les hommes en y allant; mais ne comptez-vous pour rien de vous déshonorer devant Dieu? Pensez-vous même que les hommes ne trouveront pas étrange de vous voir à votre âge pratiquer des maximes si différentes des miennes? Songez que M. le duc de Bourgogne, qui a un goût si merveilleux pour toutes ces choses, n'a encore été à aucun spectacle, et qu'il veut bien en cela se laisser conduire par les gens qui sont chargés de son éducation.

Grâce à la fermeté de ces conseils et à la docilité du jeune homme, le danger passe et Racine se rassure. Jean-Baptiste ne donnera plus à la littérature d'imagination qu'une place réduite. Le fils du grand Racine ne sera pas poète. Il entre dans la diplomatie et part pour la Haye. Dès lors, les lettres de son père nous laissent voir en lui un bon jeune homme, qui se laisse guider à distance, ne se dérange pas, neutre en bien et en mal. Jean-Baptiste a subi le résultat ordinaire des éducations trop craintives : l'esprit d'obéissance a brisé le ressort d'énergie. Il sera un homme médiocre. Son père lui a cité l'exemple du duc de Bourgogne. On sait ce que, *mutatis mutandis*, le même genre d'éducation avait fait de celui-ci, un timide bien intentionné. Le repentir de Racine, si excessif aux yeux de la morale purement humaine, n'a pas seulement stérilisé son génie; il a eu son contre-coup sur la destinée de son fils, de ses deux fils même, car Louis, sur lequel la mère continuera la même discipline après la mort du père, sera un autre Jean-Baptiste, aussi pieux, aussi terne et, s'il est poète, mettant dans sa poésie religieuse plus de religion que de poésie.

Au demeurant, toute la suite de cette correspondance abonde en traits de tendresse et de bonhomie. Ce sont des détails sur la santé, l'éducation, le caractère, les petits accidents des jeunes sœurs et des jeunes frères, un projet de mariage qui n'aboutit pas pour le fils aîné, les maladies du père, ses occupations de courtisan, ses soucis de fortune et d'avenir avec une si nombreuse famille.

Puis de petits tableaux, en quelques traits exquis de naturel. C'est un dîner de famille, en compagnie de Boileau, pour manger « un fort grand brochet et une belle carpe », sans doute la fameuse carpe dont il fut parlé à M. le Duc. Ce sont les lettres qui arrivent de Hollande et qu'on lit en commun : « Elles me font un extrême plaisir, et nous sont d'une grande consolation à votre mère et à moi, et même à toutes vos sœurs, qui les écoutent avec une merveilleuse attention, en attendant l'endroit où vous ferez mention d'elles. » Le fils mange en Hollande d'excellentes groseilles : « Ces groseilles ont bien fait ouvrir les oreilles à vos petites sœurs et à votre mère elle-même, qui les aime fort, comme vous savez. Je ne saurois m'empêcher de vous dire qu'à chaque chose d'un peu bon que l'on nous sert sur la table, il lui échappe toujours de dire : « Racine mangeroit volontiers d'une telle chose. » C'est la fête du père et le bouquet. C'est le souvenir, commun à toutes les familles, de la promenade à la foire et de l'effarement du petit dernier devant une grosse bête, plus ou moins féroce :

« Le petit Lionval eut belle peur de l'éléphant et fit des cris effroyables quand il le vit qui mettoit sa trompe dans la poche du laquais qui le tenoit par la main. »

Louis Racine est trop jeune pour que son père aît beaucoup à s'occuper de son éducation et il ne tient guère d'autre place dans la correspondance que par le choix de sa nourrice et ses maladies d'enfant. Il est, du reste, élevé dans les mêmes principes que son frère aîné. Sa mère écrit à son sujet cette phrase, d'un si prodigieux contraste avec la gloire de son père : « Le pauvre petit promet bien qu'il n'ira pas à la comédie, de peur d'être damné. » Les filles, au contraire, donnent au père beaucoup de sollicitude par leur vocation religieuse, très vive, mais traversée soit par leur humeur mobile, soit par la difficulté de les faire admettre au couvent de leur choix. Il est tout à fait injuste de dire que Racine poussait ses filles à entrer en religion et les sacrifiait à sa propre piété. Il s'efforçait, au contraire, de retarder l'engagement final ou même de les en détourner. Rien n'est plus touchant que la lettre écrite par Racine à la mère Agnès de Sainte-Thècle, le 9 novembre 1698, pour lui raconter la prise d'habit de Nanette. Avec la religieuse, il s'efforce de contenir sa douleur, mais, avec son fils, il la laisse s'épancher : « Je n'ai cessé de sangloter, et je crois même que cela n'a pas peu contribué à déranger ma faible santé. »

Nanette fut la seule de ses filles dont il ait de ses yeux vu le sacrifice, et Marie-Catherine la seule qu'il ait mariée. Le 7 janvier 1699, l'année de la mort de son père, celle-ci épousait M. Collin de Moramber, « seigneur de Riberpré, avocat en Parlement », et une lettre d'un ami de la famille, Willard, nous fait assister à la cérémonie :

M. Racine donna le dîner de noces. Monsieur le Prince lui avoit envoyé pour cela, deux ou trois jours auparavant, un mulet chargé de gibier et de venaison. Il y avoit un jeune sanglier tout entier. Le soir il n'y eut point de souper chez le père de l'époux, avec lequel on étoit convenu qu'il donneroit plutôt un dîner le lendemain, afin qu'il n'y eût point deux repas en un jour. Tout finit donc le soir des noces par une courte et pathétique exhortation de Monsieur (le curé) de Saint-Séverin sur la bénédiction du lit nuptial qu'il fit. M. et Mme Racine se retirèrent à huit heures et demiè. Les jeunes gens firent la lecture de piété ordinaire à la prière du soir avec la famille. Le père, comme pasteur domestique, répéta la substance de l'instruction de M. le curé; et tout étoit en repos comme de coutume vers onze heures. Il n'y eut point d'autres garçons de la noce, ou plutôt amis des époux, que M. Despréaux et moi.

Racine étendait ses affections et ses devoirs de famille à tous les degrés de sa parenté. Sa correspondance le montre en rapports fréquents avec la Ferté-Milon, où sa sœur Marie continuait d'habiter, après avoir épousé un médecin, M. Rivière. L'échange de bons offices était continuel entre le frère et la sœur. A Paris, Racine employait son crédit et ses relations en faveur de M. et de Mme Rivière; il venait à la Ferté servir de parrain à l'un de ses neveux. Quatre de ses enfants furent envoyés dans leur bas âge à Mme Rivière, et le mari surveillait leur santé. C'est par Mme Rivière que Racine secourait les membres de la famille tombés dans le besoin. Sa bienfaisance ne s'arrêtait même pas devant le désordre, comme avec « le cousin Henry », qui venait à Paris, « fait comme un misérable », déclarer sa parenté en présence des domestiques et « faire rougir de sa gueuserie ». Il recommandait particulièrement à Mme Rivière sa vieille nourrice, « la pauvre Marguerite », à laquelle il faisait une petite pension. Dans son testament il priera sa femme de continuer à cette nourrice et à ses parents pauvres les secours qu'il leur donnait.

On a vu ce qu'avait été pour Racine l'amitié littéraire de Boileau. Peu à peu, leur affection était devenue si étroite que Boileau finit par se trouver comme un membre de la famille. Il est mêlé à tous les actes de la vie de Racine. On l'a vu « seul garçon » au mariage de Marie-Catherine. Lorsque Racine est malade, Boileau vient lui tenir « très bonne compagnie ». Souvent Racine et sa famille vont voir à Auteuil Boileau sourd, malade et triste. Racine écrit à son fils Jean-Baptiste : « M. Despréaux (nous) régala le mieux du monde; ensuite, il mena Lionval et Madelon dans le bois de Boulogne, badinant avec eux, et disant qu'il les vouloit mener perdre. Il n'entendoit pas un mot de tout ce que ces pauvres enfants lui disoient. » Lorsque Boileau s'en va soigner à Bourbon la maladie de gorge qui fait son tourment, Racine lui témoigne la plus constante sollicitude, lui envoie l'avis de Fagon et de Félix, les médecins de la cour, s'inquiète des remèdes qui ont réussi en pareil cas. « Je meurs de peur, lui écrit-il, que votre mal de gorge ne soit aussi persévérant que mon mal de poitrine. Si cela est, je n'ai plus l'espérance d'être heureux, ni par autrui, ni par moi-même. » Boileau s'ennuie fort; Racine lui propose de tout quitter pour venir lui tenir compagnie. Lorsque Racine va faire sa cour ou suit le roi en campagne, Boileau surveille, comme on l'a vu, les études de Jean-Baptiste. Aussi, plus tard, dans ses lettres écrites de la Haye, Jean-Baptiste fait-il une place à Boileau, qui en est fort touché. Racine écrit de Boileau : « Il n'y a pas un meilleur ami ni un meilleur homme au monde. » Dans sa dernière maladie, Racine disait à ses fils : « Faites connaître à Boileau que j'ai été son ami jusqu'à la mort. » Au dernier moment, il disait lui-même à Boileau : « Je regarde comme un bonheur pour moi de mourir avant vous. »

La correspondance des deux amis est d'un grand intérêt moral et littéraire. Elle nous fait pénétrer dans la connaissance de ces caractères si différents; elle nous fournit nombre de renseignements sur la vie du temps et les mœurs littéraires; elle abonde en petits tableaux, sobres et pleins. Le ton en est toujours simple, le plus souvent sérieux, parfois enjoué. On y voit comment vivaient, pensaient et parlaient les honnêtes gens de ce temps-là. Il n'y a pas de laisser aller; on s'y traite de « Monsieur », tout au plus de « cher Monsieur », après trente-cinq ans d'intimité. Cette réserve faisait alors partie de la tenue morale. Mais, quelle solidité d'affection, quelle droiture de cœur et d'esprit! Les correspondances d'hommes de lettres deviendront plus amusantes; elles ne rendront pas un meilleur témoignage de leurs auteurs.

Les fonctions d'historiographe du roi, en associant les deux amis à une tâche commune, avaient contribué pour beaucoup à resserrer leur intimité. Elles tiennent une grande place dans leurs lettres. Ils les avaient prises fort au sérieux, et ils espéraient bien laisser à la postérité une histoire de Louis XIV, véridique malgré leur admiration pour leur héros et l'obligation de la flatterie. Ils avaient commencé par suivre le roi dans ses campagnes, et ils y avaient montré un désir méritoire de bien voir. Aucun des deux ne se piquait de bravoure, et leur existence antérieure les avait mal préparés à la vie des camps. Ils firent leur début en 1678, au siège de Gand, et s'y montrèrent fort empruntés. On plaisantait leur embarras et leur ignorance des choses militaires. Mme de Sévigné écrivait à son cousin Bussy : « Ces deux poètes historiens suivent la cour, plus ébaubis que vous ne le sauriez penser, à pied, à cheval, dans la boue jusqu'aux oreilles... Il me semble qu'ils ont assez l'air de deux Jean Doucet. » Mme de Scudéry enchérissait : « Je pense que la peur les a empêchés de rien voir. » Pradon traçait un assez plaisant portrait des deux amis dans leur accoutrement militaire :

.... Demi-soldats, l'air presque assassinant,
Les *Messieurs du sublime*, avec longue rapière,
Et du mieux qu'ils pouvoient prenant mine guerrière,
Alloient, chacun monté sur un grand palefroi,
Aux bons bourgeois de Gand inspirer de l'effroi.

Ils accompagnent encore Louis XIV en 1683, dans le voyage d'Alsace. Dès lors, les infirmités croissantes de Boileau le retiennent à Paris. Racine continue seul de suivre l'armée; mais il se considère toujours comme le collaborateur de son ami, et il ne fait que prendre des notes pour le travail commun. De là les longues lettres où il lui raconte en détail ce dont il est témoin. Il semble qu'il s'aguerrisse peu à peu, et il supporte les ennuis de sa charge avec beaucoup de simplicité, sans songer le moins du monde à s'en faire honneur. Surtout il s'informe avec la plus grande conscience. « Je vois bien, écrit-il, que la vérité qu'on nous demande tant est bien plus difficile à trouver qu'à écrire. » Pour peu qu'elle soit fâcheuse, celui qui la sait « se serre les lèvres tant qu'il peut de peur de la dire ». Il trouve, cependant, de précieuses facilités auprès de Vauban et de Luxembourg. Vauban lui parle à cœur ouvert de la politique étrangère, dans une admirable lettre toute frémissante de patriotisme et d'honneur. Luxembourg, « plus aimable à la tête de sa formidable armée qu'il n'est à Paris et à Versailles », lui envoie « un de ses plus commodes chevaux ».

La mort de Racine et la santé de Boileau les empêchèrent de terminer leur tâche, et ce qu'ils avaient écrit, conservé par Valincourt, fut brûlé en 1726 dans l'incendie de sa maison. Cette perte est des plus regrettables. Assurément, il n'y aurait eu dans cette histoire ni critique ni liberté, mais, traitée par de tels écrivains, elle aurait renfermé de belles pages. Racine avait fini, comme il le dit lui-même, par prendre un grand plaisir à ce qu'il voyait. Il le prouve par sa correspondance, où se trouvent des récits d'un vif intérêt, des tableaux d'un dessin ferme et d'une couleur juste. Celui de la prise de Namur égale les meilleures relations militaires. De

Vauban dirigeant l'assaut au grenadier Sans-Raison vengeant la mort de son lieutenant, Racine admire avec la même chaleur d'âme la prudence du général et le courage du soldat. Il y exprime la pitié qu'une telle âme devait éprouver devant la guerre. Après avoir assisté à une grande revue de l'armée passée par le roi et Luxembourg, une armée de 120,000 hommes, il écrit :

J'étois si las, si ébloui de voir briller des épées et des mousquets, si étourdi d'entendre des tambours, des trompettes et des timbales, qu'en vérité je me laissois conduire à mon cheval sans plus avoir d'attention à rien, et j'eusse voulu de tout mon cœur que tous les gens que je voyois eussent été chacun dans leur chaumière ou dans leur maison, avec leurs femmes et leurs enfants, et moi dans ma rue des Maçons, avec ma famille.

Au titre d'historiographe, Racine joignait, depuis le 12 décembre 1690, celui de gentilhomme ordinaire et, depuis le 3 août 1694, celui de secrétaire du roi. Aussi, tout le temps qu'il ne donnait pas à ses devoirs de piété et de famille, le consacrait-il à ceux que lui créaient ses charges de cour. Il regardait, en effet, ces obligations comme des devoirs, et, en cela, il pensait comme ses contemporains. Le roi étant le représentant de Dieu sur la terre, servir le roi, c'était servir Dieu. Il y avait là, pour lui, comme une seconde religion, et il les pratiquait toutes deux avec la même ferveur, ou plutôt ces deux cultes étaient la pratique d'une seule foi. Cette foi lui permettait de concilier, en toute sûreté de conscience, la vie de cour avec l'austérité janséniste. Si étrange que cet accord nous semble aujourd'hui, l'esprit du temps le favorisait, et aussi le caractère de Racine. Il y avait dans sa nature un besoin de noblesse et d'élégance qui s'était exprimé d'abord par la création poétique, et un besoin d'aimer qui avait trouvé son emploi dans les passions de théâtre, avant de s'absorber dans les affections de famille. Ces deux besoins ne faisaient que changer d'objet en se tournant vers Louis XIV et les « pompeuses merveilles » qui entouraient le roi comme les cérémonies d'un culte. Il faut tenir compte de tout cela pour être juste envers Racine courtisan. S'il a plus grand besoin qu'aucun de ses contemporains de cette équité indulgente, c'est qu'il poussait les convictions communes plus loin que le plus sincère de tous.

Le culte de la personne royale la mettait au-dessus de la morale usuelle et s'étendait à tout ce qu'elle touchait. Aussi les plus honnêtes gens et les chrétiens les plus sincères se trouvaient-ils fort honorés par la protection de Mme de Montespan. Les contemporains disent expressément que Racine et Boileau furent désignés par elle au roi pour les fonctions d'historiographe. Si sincère et si complet que fût le renoncement de Racine à la poésie, il n'osait pas refuser lorsqu'elle lui proposait de travailler avec Boileau à un opéra de *Phaéton*; l'idée abandonnée par la favorite, il y renonçait lui-même avec empressement, et « par délicatesse de conscience », dit Boileau, il supprimait ce qu'il avait écrit, mais il avait commencé par obéir. Il se montrait aussi docile lorsque des vers lui étaient demandés pour orner les œuvres plus ou moins personnelles du jeune duc du Maine.

Introduit par Mme de Montespan dans l'entourage immédiat de Louis XIV, Racine ne tardait pas à obtenir la faveur très marquée du roi par l'agrément de son commerce, l'élégance de ses manières, la finesse de son esprit et aussi son empressement à flatter l'homme le plus sensible à la flatterie qui fût jamais. Observons encore que cette flatterie semblait à Racine être un devoir envers le roi comme la prière l'est envers Dieu. Il ne flattait pas seulement en conversation, avec la finesse discrète dont quelques traits ont été conservés, mais en cérémonie publique, avec effusion. En 1678, directeur de l'Académie française, il terminait un discours où l'éloge du roi tenait la plus grande place, par cette déclaration : « Tous les mots de la langue, toutes les syllabes nous paroissent précieuses, parce que nous les regardons comme autant d'instruments qui doivent servir à la gloire de notre auguste protecteur. » En 1685, dans une circonstance analogue, il s'écriait : « Heureux ceux qui... ont l'honneur d'approcher de près ce grand prince... le plus sage et le plus parfait de tous les hommes. » Le roi ne put s'empêcher de trouver que c'était trop : « Je suis très content, dit-il à Racine; je vous louerois davantage, si vous m'aviez moins loué. » Mais de tels sentiments étaient si bien ceux du temps que le grand Arnauld, réfugié en Belgique, prenait texte de ce discours pour écrire à Racine : « J'attends avec patience que Dieu fasse connoître à ce prince si accompli qu'il n'a point dans son royaume de sujet plus fidèle, plus passionné pour sa véritable gloire, et, si je l'ose dire, qui l'aime d'un amour plus pur et plus dégagé de tout intérêt. » Il est à croire, cependant, qu'Arnauld aurait trouvé un notable excès dans ce passage de la fameuse lettre de Racine à Mme de Maintenon sur son jansénisme : « Dieu m'a fait la grâce de ne rougir jamais ni du Roi ni de l'Évangile. » Mais, à la date de cette lettre, Arnauld était mort.

Le goût du roi pour Racine se marquait bientôt par les plus rares faveurs. Il obtenait un appartement à Versailles. Au rapport de Saint-Simon, lorsque le roi et Mme de Maintenon trouvaient le temps long, ils envoyaient chercher Racine pour jouir de son entretien. Seul avec M. de Chamlay, Racine pouvait entrer quand il voulait au lever du roi. En 1696, une maladie du roi lui ôtant le sommeil, il avait voulu que Racine couchât dans sa chambre pour lui lire Plutarque. Enfin, il était de tous les Marly, la plus recherchée des privautés royales. Il écrivait à Boileau, sans paraître se douter qu'il avait fait délicatement sa cour : « (Le Roi) m'a fait l'honneur plusieurs fois de me parler, et j'en suis sorti à mon ordinaire, c'est-à-dire fort charmé de lui et au désespoir contre moi, car je ne me trouve jamais si peu d'esprit que dans ces moments où j'ai le plus d'envie d'en avoir. »

Cependant Racine ne se croyait pas trop engagé dans la cour. Il écrivait à Mme de Maintenon : « Je passe ma vie le plus retiré que je puis dans ma famille, et ne suis pour ainsi dire dans le monde que lorsque je suis à Marly. » Ce n'était pas l'avis de quelques-uns, envieux de sa faveur ou moins pénétrés d'adoration pour le roi. D'après eux, il aurait été courtisan jusqu'à l'intrigue, cabalant avec le parti du maréchal de Luxembourg et engagé dans diverses coteries. Un portrait des plus dénigrants, recueilli par un envoyé de l'électeur de Brandebourg, Spanheim, le peignait ainsi :

M. de Racine a passé du théâtre à la cour, où il est devenu habile courtisan, dévot même. Le mérite de ses pièces dramatiques n'égale pas celui qu'il a eu l'esprit de se former en ce pays-là, où il fait toutes sortes de personnages. Ou il complimente avec la foule, ou il blâme et crie dans le tête-à-tête, ou il s'accommode à toutes les intrigues dont on veut le mettre ; mais celle de la dévotion domine chez lui ; il tâche toujours de tenir à ceux qui en sont le chef.

L'excès de cette critique en diminue la portée. Il y aurait plus de vérité dans un mot de Louis XIV sur une amitié de Racine : « Cavoie avec Racine se croit bel esprit ; Racine avec Cavoie se croit courtisan. »

Au total, la vraie définition de Racine à la cour se trouve dans le jugement de Saint-Simon, qui n'a jamais pêché par excès de bienveillance : « Rien du poète dans son commerce, et tout de l'honnête homme et de l'homme modeste. » L'éloge semble d'autant plus mérité qu'il s'accorde avec une des règles de conduite auxquelles Racine s'attachait le plus exactement. Il disait à son fils Jean-Baptiste : « Ne croyez pas que ce soient mes pièces qui m'attirent les caresses des grands. Sans fatiguer les gens du monde du récit de mes ouvrages, dont je ne leur parle jamais, je les entretiens de choses qui leur plaisent. Mon talent avec eux n'est pas de leur faire sentir que j'ai de l'esprit, mais de leur apprendre qu'ils en ont. »

CHAPITRE IV

RETOUR A LA POÉSIE DRAMATIQUE
DERNIÈRES ANNÉES

Louis Racine a raconté sans y entendre malice comment, nommés historiographes par la protection de Mme de Montespan et admis à lire leur histoire au roi en sa présence, tandis que Mme de Maintenon, simple gouvernante des enfants légitimés, assistait modestement à la lecture, Racine et Boileau virent baisser peu à peu le crédit de Mme de Montespan et grandir celui de Mme de Maintenon. Ils ne s'attardèrent pas, envers la favorite disgraciée, dans une reconnaissance qui leur eût semblé offensante pour le roi; ils se tournèrent vers le soleil levant.

Dès le début, Mme de Maintenon marqua pour Racine une préférence qui s'explique par un caractère moins brusque et plus insinuant que celui de Boileau : elle « ne pouvoit le voir trop souvent et se plaisoit à l'entendre parler de différentes matières, parce qu'il étoit propre à parler de tout ». Elle leur donnait à tous deux une marque de grande estime en les faisant travailler à son œuvre favorite, la maison de Saint-Cyr : elle les chargeait d'en examiner les constitutions au point de vue du style et demandait à Racine la devise qui devait être gravée sur la croix des supérieures.

La première de celles-ci, Mme de Brinon, un bel esprit, faisait jouer aux élèves de petites pièces de sa composition, pour leur apprendre la diction et le maintien. Ces pièces étaient détestables, et Mme de Maintenon les avait remplacées par *Cinna, Andromaque* et *Iphigénie.* Nouveau danger, tout différent du premier. Mme de Maintenon écrivait à Racine : « Nos petites filles viennent de jouer *Andromaque* et l'ont si bien jouée qu'elles ne la joueront plus, ni aucune de vos pièces. » Elle lui demandait alors de composer exprès pour elles, selon les expressions même du poète, « sur quelque sujet de piété et de morale, une espèce de poésie où le chant fût mêlé avec le récit, le tout lié par une action qui rendît la chose plus vive et moins capable d'ennuyer ». Racine hésitait, et Boileau lui conseillait fortement de refuser. Mais, si la dévotion avait refoulé l'amour de la poésie au plus profond de son âme, elle ne l'avait pas étouffé. Depuis *Phèdre*, il pouvait bien marquer son aversion pour le théâtre et ses remords de l'avoir pratiqué : il n'avait en vue que le théâtre de son temps, dangereux par les sentiments qui l'inspiraient et les instruments dont il se servait, mais non le théâtre en soi. Le théâtre sans amour et sans acteurs de profession, tel que les Grecs l'avaient pratiqué, bien plus le théâtre inspiré par la foi, pouvait, comme Racine l'avait dit à propos de *Phèdre*, non seulement revenir « à la véritable intention de la tragédie », c'est-à-dire servir « autant à instruire les spectateurs qu'à les divertir », mais encore profiter de toute la supériorité morale du christianisme sur le paganisme.

Racine regrettait donc ses tragédies à cause de leurs sujets, mais il ne condamnait pas le théâtre lui-même et la littérature. Louis Racine dit expressément : « Après *Phèdre*, il avoit encore formé quelques projets de tragédie. » Il avait le dessein, dit encore son fils, « de ramener la tragédie des anciens, et de faire voir qu'elle pouvoit être parmi nous, comme chez les Grecs, exempte d'amour ». Il avait donc songé au sujet d'*Alceste*, qui n'admet que l'amour conjugal, et à celui d'*Œdipe*, traité, dit Fénelon, « suivant le goût de Sophocle, sans y mêler aucune intrigue postiche d'amour, et suivant la simplicité grecque ». Même l'*Alceste* était à peu près terminée et aurait été détruite au moment de la crise morale qui suivit *Phèdre*. Mais, pour jouer des tragédies, même sans amour, il faut des comédiens, et, dès lors, Racine avait sur eux la pensée que Bossuet exprime dans les *Maximes sur la comédie*.

Si détaché qu'il fût de sa gloire passée et indifférent pour une gloire nouvelle, il continuait à aimer les lettres, à les étudier, à les servir autant qu'il le pouvait, à les honorer publiquement. Lorsque, à l'Académie française, l'occasion se présentait de les défendre, il la saisissait avec empressement. Il gardait la haine des méchants auteurs et l'amour des bons. Il prenait parti avec empressement, aux côtés de Boileau, dans la querelle des anciens et des modernes; il s'employait avec lui à faire entrer La Bruyère à l'Académie.

Traiter sous forme dramatique un « sujet de piété et de morale », en confier l'interprétation à des jeunes filles, pour les instruire et les édifier, c'était revenir à la poésie sans abandonner la foi. C'était encore le moyen de réaliser une forme d'art qu'il définit ainsi : « Je m'aperçus qu'en travaillant sur le plan qu'on m'avoit donné, j'exécutois en quelque sorte un dessein qui m'avoit souvent passé dans l'esprit, qui étoit de lier, comme dans les anciennes tragédies grecques, le chœur et le chant avec l'action, et d'employer à chanter les louanges du vrai Dieu cette partie du chœur que les païens employoient à chanter les louanges de leurs fausses divinités. » Il y avait là suffisamment de motifs pour que Racine se mit à l'œuvre avec ardeur. Commencée, semble-t-il, au milieu d'août 1688, la tragédie d'*Esther* était terminée avant la fin de la même année.

Le choix de cette histoire biblique est d'un chrétien et d'un courtisan. Elle devait plaire également à Louis XIV et à Mme de Maintenon. Elle était « pleine de grandes leçons d'amour de Dieu et de détachement du monde au milieu du monde même ». Elle offrait à Louis XIV sa propre image dans la figure d'Assuérus, puissant et juste, majestueux et aimable, terrible et bon; à Mme de Maintenon l'apologie sacrée de sa prodigieuse fortune, la peinture idéale de son caractère et de son rôle auprès du grand roi et surtout de la protection qu'elle étendait sur la maison de Saint-Cyr. Par delà ces motifs visibles pour tous, il en était de secrets et d'intimes : en exhalant la plainte des filles de Sion, le poète exprimait celle qui pleurait silencieusement au fond de son cœur sur les malheurs de Port-Royal.

Le seul inconvénient du sujet, c'est que, en permettant à Racine d'exprimer ses sentiments pour le roi et son épouse secrète, elle l'obligeait à marquer quelque ingratitude pour la favorite disgraciée, Mme de Montespan, et peut-être pour Louvois, dont le crédit baissait près de son maître et qui pouvait se reconnaître dans quelques traits au caractère d'Aman. Mais cet obstacle n'était pas pour arrêter un courtisan; Racine l'était, et il payait son tribut aux défauts inévitables de l'espèce. Il dut écrire sans remords les vers, dont l'application s'imposait, sur « la fameuse disgrâce de l'altière Vasthi ».

Après des répétitions que le roi avait par deux fois honorées de sa présence et que Racine, assisté de Boileau, avait dirigées de manière à faire de ses interprètes d' « excellentes actrices », la pièce, mise en scène avec un grand luxe, fut représentée le 26 janvier 1689, accompagnée d'une partition écrite par Jean-Baptiste Moreau, organiste de Saint-Cyr, devant un cercle de courtisans choisis et le personnel de la maison, dames et élèves. Le succès fut des plus grands, et Racine, qui, à la suite de ses tragédies profanes, n'avait jamais parlé de ses interprètes, écrivait cette fois : « Ces jeunes demoiselles ont déclamé et chanté cet ouvrage avec tant de grâce, tant de modestie et tant de piété, qu'il n'a pas été possible qu'il demeurât renfermé dans le secret de leur maison. » Mme de Caylus, surtout, pour qui Racine avait écrit le rôle de la « Piété », quoiqu'elle fût mariée et n'appartînt pas à la maison, « fit le prologue mieux que n'auroit pu faire la Champmeslé », au rapport de Dangeau, sur lequel Saint-Simon enchérit encore.

Il fallut, pour satisfaire l'empressement de la cour, donner encore cinq représentations. Le roi les suivit toutes. Les Dames de Saint-Cyr ont écrit à ce sujet :

Mme de Maintenon faisoit faire une liste de tous ceux qui devoient entrer, qu'on donnoit à la portière, afin qu'elle n'en laissât pas passer d'autres; et quand le Roi étoit arrivé, il se mettoit à la porte en dedans; et, tenant sa canne haute pour servir de barrière, il demeuroit ainsi jusqu'à ce que toutes les personnes conviées fussent entrées; alors il faisoit fermer la porte.

On peut lire, dans les *Souvenirs* de Mme de Caylus et les *Mémoires* de Mme de La Fayette, le piquant récit de ces représentations, pour lesquelles les ministres « quittoient leurs affaires les plus pressées », et aussi la lettre où Mme de Sévigné rend pour la première fois pleine justice à Racine, dans le double ravissement que lui causent la pièce et sa propre « fortune », car le roi lui a parlé, et elle a répondu avec bonheur :

Je ne puis vous dire l'excès de l'agrément de cette pièce : c'est une chose qui n'est pas aisée à représenter et qui ne sera jamais imitée; c'est un rapport de la musique, des vers, des chants, des personnes, si parfait et si complet qu'on n'y souhaite rien; les filles qui font des rois et des personnages sont faites exprès; on est attentif, et on n'a point d'autre peine que celle de voir finir une si aimable pièce; tout y est simple, tout y est innocent, tout y est sublime et touchant; cette fidélité de l'histoire sainte donne du respect; tous les chants convenables aux paroles, qui sont tirées des *Psaumes* ou de la *Sagesse*, et mis dans le sujet, sont d'une beauté qui ne se soutient pas sans larmes. La mesure de l'approbation qu'on donne à cette pièce, c'est celle du goût et de l'attention.

La perfection même d'un tel spectacle, l'émotion qui s'en dégageait et la qualité des spectateurs en faisaient un danger pour ses interprètes. Il fut impossible de conserver son rôle à Mme de Caylus : « Elle faisoit trop bien, elle étoit trop touchante. » Mais « les petites âmes innocentes » des élèves étaient déjà troublées. On avait soutenu les chœurs en y mêlant des chanteuses d'opéra, et c'était une dangereuse inconvenance. Très rapidement les élèves étaient devenues des actrices, préoccupées de leur succès et de la salle, quoique, avant d'entrer en scène, elles eussent l'habitude de s'agenouiller et de réciter le *Veni creator*. De même, Racine redevenait auteur. « Dans une représentation, dit Louis Racine, la jeune actrice qui faisoit le rôle d'Élise manqua de mémoire : « Ah! Mademoiselle, s'écria-t-il, quel tort vous faites à ma pièce! » La demoiselle, consternée de la réprimande, se mit à pleurer. Aussitôt il courut à elle, prit son mouchoir, essuya ses pleurs, et en répandit lui-même. » Ceci n'est que charmant, mais des passions furent causées par le spectacle. Un mariage suivit l'une d'elles, mais une autre provoqua une légèreté dont la victime fut enfermée dans un couvent pour le reste de sa vie. Une maladie de bel esprit se répandit dans la maison et faillit la gâter.

La piété s'alarmait de ces dangers. Si plusieurs évêques, parmi lesquels Bossuet, avaient cru pouvoir assister aux représentations, le curé de Versailles, Hébert, avait obstinément refusé d'y paraître, et les Dames de Saint-Cyr « n'y furent présentes que les yeux baissés et occupées à dire leur chapelet ». Mme de Maintenon, après avoir refusé de croire au danger, dut le reconnaître. Dès 1690, il n'y eut plus de représentations d'*Esther* publiques et en costumes. On se contentait de les reprendre quelquefois, avec l'habit de la maison, devant quelques dames.

Le privilège d'*Esther* donné aux Dames de Saint-Cyr défendait aux comédiens de jouer la pièce. Cette défense ne fut levée qu'au bout de trente-deux ans, le 8 mai 1721. « Le poème, disent les frères Parfaict, supérieurement rendu par les acteurs, ne fit pas tout l'effet qu'on s'en étoit promis. » Les comédiens en avaient retranché la musique et la plus grande partie des chœurs. C'était en affaiblir grandement l'impression, mais, intacte ou mutilée, *Esther* n'a guère trouvé plus de faveur auprès du public, lors des reprises, assez rares, qui en ont été faites. Il en est de cette élégie comme de *Bérénice* : elle s'écarte trop du ton habituel à la tragédie française pour causer au public le genre de plaisir auquel il s'attend. Mais c'était plutôt la faute du public que celle du sujet ou du poète. S'il est difficile d'accepter le jugement de Sainte-Beuve, à qui *Esther* « semble le fruit le plus naturel qu'ait porté le génie de Racine », il est certain que cette œuvre charmante et forte enrichissait la tragédie française d'une forme aussi neuve que belle. Si le lyrisme et l'inspiration religieuse sont déjà dans le *Polyeucte* de Corneille, *Esther* leur faisait une place dominante. Surtout, en bannissant l'amour du sujet, elle donnait un exemple singulièrement courageux et qui aurait pu être fécond.

Les mêmes circonstances permettaient à Racine d'appliquer une fois de plus cette poétique originale et hardie dans *Athalie*, son chef-d'œuvre. Les représentations d'*Esther* n'avaient pas encore excité l'inquiétude des rigoristes, lorsque le poète, « mis en goût, selon les expressions de Mme de Caylus, voulut composer une autre pièce, et le sujet d'*Athalie*, c'est-à-dire la mort de cette reine et la reconnoissance de Joas, lui parut le plus beau de tous ceux qu'il pouvoit tirer de l'Écriture Sainte ». Entreprise d'enthousiasme dans les premiers mois de 1689, la pièce était terminée, semble-t-il, au mois de novembre 1690.

Malheureusement, entre le moment de joie créatrice où *Athalie* avait été commencée et celui où elle se trouvait prête pour la représentation, les sentiments de Mme de Maintenon avaient changé, et celle des tragédies de Racine à qui l'éclat de la mise en scène était le plus nécessaire allait se trouver privée de ce secours. Non seulement la protectrice de Saint-Cyr était effrayée par l'effet d'*Esther* sur les élèves et les observations de ses pieux conseillers, mais les ennemis de Racine, surpris une première fois, avaient eu le temps d'agir : « non contents de travailler les gens de bien, ils écrivirent plusieurs lettres anonymes ». Mme de Maintenon « fit seulement venir à Versailles, une ou deux fois, les actrices pour jouer dans sa chambre, devant le Roi, avec leurs habits ordinaires ».

Au rapport de Mme de Caylus, « cette pièce est si belle que l'action n'en fut pas refroidie ». En tout cas, l'admiration que méritait l'incomparable chef-d'œuvre n'eut aucun écho hors de Saint-Cyr et de la chambre du roi. Lorsque, au mois de mars suivant, la pièce fut imprimée, elle ne provoqua que d'ineptes épigrammes. Même les plus intimes amis de Racine n'en sentirent pas tout le prix. Le grand Arnauld l'approuvait fort, mais il lui préférait *Esther*, comme plus édifiante. Seul Boileau jugea bien. Racine, dit son fils, « étonné de voir que sa pièce, loin de faire dans le public l'éclat qu'il s'en étoit promis, restoit presque dans l'obscurité, s'imagina qu'il avoit manqué son sujet; et il l'avouoit sincèrement à Boileau, qui lui soutenoit au contraire qu'*Athalie* étoit son chef-d'œuvre : « Je m'y connois, « lui disait-il, et le public y reviendra ».

Il y revint, en effet, et aussi la cour, mais le poète était mort. En 1702, *Athalie* était jouée à Versailles, cette fois « avec tous les ornements et les chœurs mis en musique depuis longtemps par M. Moreau, qui avoit fait ceux d'*Esther* », mais non plus avec les élèves de Saint-Cyr. La pièce avait été distribuée aux plus grands seigneurs, entourant la duchesse de Bourgogne, qui faisait Josabeth. En 1716, le 3 mars, les comédiens la jouaient à Paris avec l'autorisation du Régent, qui, en 1702, avait tenu le rôle d'Abner. Malgré la suppression des chœurs, il semble qu'elle eut un succès digne d'elle ; du moins, les acteurs furent seuls l'objet de jugements contradictoires. A mesure que le siècle marchait, l'admiration grandissait, et elle était assez forte pour triompher de l'esprit philosophique. Voltaire en voulait beaucoup à Joad. Cependant, tout en s'élevant contre le « fanatisme » du grand prêtre, il appelait *Athalie* « l'ouvrage le plus approchant de la perfection qui soit jamais sorti de la main des hommes ». Il y voyait « le chef-d'œuvre de l'esprit humain ».

Contentons-nous de dire avec Sainte-Beuve : « *Athalie*, comme art, égale tout. » L'expérience dramatique de Racine, la maturité de son génie, le flot de poésie amassé dans son âme par onze années de recueillement, son admiration pour la Bible et pour l'antiquité grecque, — car le souvenir de l'*Ion* d'Euripide entrait pour une part dans le caractère de Joas, — son cœur et son esprit, son art et sa foi avaient contribué à cette merveilleuse inspiration.

Il faut voir comme un épilogue d'*Esther* et d'*Athalie* dans les quatre *Cantiques spirituels*, imités de l'Écriture, que Racine composait quelques années après, en 1694. La veine lyrique épanchée dans les chœurs des deux pièces lui avait laissé comme un trop-plein qu'il a déversé dans ses cantiques. On les a justement appelés le « chant du cygne », car ils sont ses derniers vers. Ils égalent les chœurs par la pure beauté de la forme ; ils les surpassent par la force vibrante de la pensée. Racine n'a rien écrit avec plus de sincérité, car il y montrait son âme même, sans le voile de la fiction, et ils respirent une ardeur de foi virile que ne pouvaient offrir les plaintes touchantes des vierges de Sion. Après les chefs-d'œuvre lyriques du romantisme, on peut rabattre quelque chose de l'admiration exprimée sur les chœurs d'*Esther* par le XVIIIe siècle, médiocre juge en fait de poésie. Les *Cantiques spirituels*, au contraire, soutiennent la comparaison avec les plus belles pièces religieuses de Lamartine. Ils sont aussi inspirés, aussi harmonieux et plus serrés de composition.

Les représentations d'*Esther* et d'*Athalie* marquent la plus haute faveur de Racine. A partir de ce moment, il semble qu'elle ait décliné et que, si le poète n'a pas connu la disgrâce positive et, à plus forte raison, s'il n'est point mort du chagrin que lui aurait causé le mécontentement du roi, il a été obligé de se défendre et a conçu une vive douleur d'avoir déplu.

Ce déclin semble avoir eu deux causes, également honorables.

Louis XIV détestait les jansénistes autant que les protestants. S'il ne les a pas persécutés avec la même atrocité, c'est que, moins nombreux et ne résistant à l'Église que sur des points secondaires du dogme, ils offraient moins de prise aux rigueurs. Or, depuis sa réconciliation avec ses anciens amis, Racine entretenait avec eux les relations les plus étroites et les moins cachées. Il visitait fréquemment Nicole et l'assistait dans sa dernière maladie. Le grand Arnauld, réfugié à l'étranger, lui écrivait : « Je me flatte qu'il n'y a guère personne que vous aimiez plus que moi. » Racine négociait son retour et le consultait sur ses ouvrages. Lorsque le cœur de l'exilé fut porté à Port-Royal, Racine, seul parmi les amis du dehors, assistait à la cérémonie.

Il célébrait la mémoire du grand docteur par une épitaphe et une inscription pour son portrait. Il allait faire des retraites à Port-Royal, y conduisait tous les ans sa famille à la procession du Saint Sacrement et y faisait admettre deux de ses filles comme pensionnaires, avec l'espoir de les voir rester dans la maison. Il saisissait avec empressement toutes les occasions de servir la communauté, rédigeait pour elle des mémoires justificatifs et se faisait son avocat auprès de l'archevêque de Paris. Il écrivait un *Abrégé de l'histoire de Port-Royal*, sobre et ferme, que Boileau « regardoit comme le plus parfait morceau d'histoire que nous eussions dans notre langue ».

Louis Racine estime que le roi « ne parut jamais désapprouver cette conduite ». Il est certain, au contraire, qu'elle lui déplaisait. Il finit par le laisser voir, et de manière à effrayer grandement Racine, car, le 4 mars 1698, le poète écrivait à Mme de Maintenon, en s'expliquant sur diverses affaires dont il va être parlé : « J'apprends que j'en ai une autre bien plus terrible sur les bras et qu'on m'a fait passer pour janséniste dans l'esprit du Roi... Je sais que, dans l'idée du Roi, un janséniste est tout ensemble un homme de cabale et un homme rebelle à l'Église. » Il se défendait contre ce grief avec une conviction, une maladresse et un courage également touchants. Loin de renier ses amis, il s'efforçait de prouver sa propre innocence en établissant la leur. Or, on sait les sentiments de Louis XIV à leur égard.

D'autre part, Louis Racine raconte que Mme de

Maintenon, s'étant fait remettre par le poète un mémoire sur les moyens propres à soulager la misère du peuple, en lui promettant le secret, n'osa pas refuser le nom de l'auteur au roi, qui « parut désapprouver qu'un homme de lettres se mêlât de choses qui ne le regardoient pas » et ajouta même, non sans quelque air de mécontentement : « Parce qu'il sait faire parfaitement les vers, croit-il tout savoir? et parce qu'il est grand poète, veut-il être ministre ? » Une cause analogue, aussi généreuse, devait provoquer en 1707 la disgrâce de Vauban.

Enfin, dans la lettre déjà citée, Racine exprimait la crainte qu'un mémoire qu'il avait fait remettre à Louis XIV, pour obtenir le dégrèvement d'une taxe sur sa charge de secrétaire du roi, n'eût déplu. Mais ce n'était point là, comme on l'a vu, son principal souci. Il craignait surtout d'être en défaveur pour cause de jansénisme et de cabale; il le craignait jusqu'au désespoir : « Pour la cabale, disait-il, qui est-ce qui n'en peut point être accusé, si on en accuse un homme aussi dévoué au Roi que je suis, un homme qui passe sa vie à penser au Roi, et à inspirer aux autres les sentiments d'amour et d'admiration qu'il a pour le Roi? » Il terminait sa lettre par cette plainte : « Je vous assure, Madame, que l'état où je me trouve est très digne de la compassion que je vous ai toujours vue pour les malheureux. »

Si l'on ne trouve pas dans cette lettre le langage d'un courtisan disgracié, où le trouvera-t-on? Pourtant, la disgrâce de Racine à été mise en doute; on n'y a vu qu'une « sorte de roman ou de mélodrame populaire ». Sur les trois motifs allégués par Louis Racine, un seul a été retenu, le moins favorable pour Racine, le mémoire sur la taxe qui, selon ses expressions, « dérangeait ses petites affaires ». Somme toute, les objections produites n'infirment sur aucun point le récit très circonstancié de Louis Racine. Une anecdote le complète, Mme de Maintenon, apercevant un jour le poète dans le parc de Versailles, « s'écarta dans une allée pour qu'il l'y pût joindre » et lui dit : « Laissez passer ce nuage, je ramènerai le beau temps. » Mais, dans ce moment, on entendit le bruit d'une calèche : « C'est le roi qui se promène, s'écria Mme de Maintenon, cachez-vous ! » Et Racine « se sauva dans un bosquet ». Tout ce que l'on peut admettre, c'est que la disgrâce ne fut pas déclarée et que, comme il arrivait souvent à Versailles, le courtisan qui avait eu le malheur de déplaire conservait les marques extérieures d'une faveur ruinée dans l'esprit du roi. Ainsi, Racine continuait à être des Marly, mais, pour le faire pardonner entièrement, il fallut sa mort.

A cette mort, le chagrin éprouvé par Racine ne dut pas être étranger. Peu après sa lettre à Mme de Maintenon, au mois d'avril 1698, il était atteint d'un érysipèle. Au mois de septembre suivant, il commençait à souffrir d'un abcès au foie. Dès lors, il ne fit plus que languir. Bientôt il se sentit perdu. « Il avoit eu toute sa vie d'extrêmes frayeurs » de la mort ; lorsqu'il la vit prochaine, « il s'y prépara avec la plus grande fermeté ». Elle arriva le 21 avril 1699, entre trois et quatre heures du matin. Il la reçut, muni des sacrements que lui avait apportés un prêtre de Saint-André-des-Arcs. Il faut lire, dans les *Mémoires* de Louis Racine et les lettres de Willard, le détail de ces derniers jours et de cette fin, belle et touchante entre toutes.

En apprenant la maladie de Racine, Louis XIV avait marqué du chagrin. Dangeau notait dans son journal : « Le Roi même paroît affligé de l'état où il est, et s'en informe avec beaucoup de bonté. » Cet intérêt royal aurait suffi, à lui seul, pour exciter celui des courtisans; aussi Willard pouvait-il écrire : « Les grands qui étoient tous les jours chez lui durant sa maladie, montroient bien par leurs soins combien ils le chérissoient et combien ils craignoient sa mort. » Quelques jours après, à Versailles, Louis XIV disait à Boileau, dès qu'il l'apercevait : « Despréaux, nous avons beaucoup perdu, vous et moi, à la mort de Racine. » Boileau lui-même mandait à Brossette : « Sa Majeste m'a parlé de M. Racine d'une manière à donner envie aux courtisans de mourir, s'ils croyoient qu'Elle parlât d'eux de la sorte après leur mort. »

A ce moment, Louis XIV oubliait le jansénisme de Racine. Il l'oubliait assez pour accorder une pension de deux mille livres à sa veuve et à ses enfants, et surtout pour permettre que ses dernières volontés fussent remplies. Racine avait écrit dans son testament : « Je désire qu'après ma mort mon corps soit porté à Port-Royal des Champs, et qu'il y soit inhumé dans le cimetière, aux pieds de la fosse de M. Hamon. » Il devait reposer en cet endroit jusqu'au 2 décembre 1711, sous une pierre où Boileau avait fait graver une épitaphe latine qui, en quelques lignes, est une exacte biographie et un jugement complet. A cette date, chassés du cimetière par la profanation qui le détruisait, ses restes furent recueillis à l'église Saint-Étienne-du-Mont, où sa femme devait aussi être inhumée. En 1818, sa pierre tumulaire, longtemps abandonnée parmi les ruines de Port Royal, y fut transportée. Un courtisan fort plat et fort médisant, le comte de Roucy, avait dit, sur les dernières dispositions de Racine : « Il ne se seroit pas fait enterrer à Port-Royal de son vivant. » Cela n'était que spirituel. De son vivant, Racine avait fait plus et mieux.

Si l'on essaye de dégager le trait principal du caractère de Racine, celui qui commande et explique les autres, on trouve la sensibilité ; sensibilité du cœur et de l'esprit, qui lui donne la foi religieuse et la passion de la poésie, le besoin du bien et du beau, lui inspire l'affection pour ses maîtres et l'éloigne d'eux lorsqu'ils veulent contraindre ses penchants, l'égare dans l'amour profondément éprouvé, le ramène au bien par le remords, le repose dans les affections de famille, le rend impatient et prompt à la riposte avec ses ennemis, docile et reconnaissant avec ses amis, le conduit de la malignité à la bonté. C'est la sensibilité qui, en poésie, le fait passer du goût précieux au goût antique et, finalement, l'élève au niveau de la grandeur biblique. Cette sensibilité est tantôt tendresse et tantôt ironie, tantôt grâce élégante, tantôt grandeur tragique, tantôt pudeur et tantôt passion. Boileau a pu dire que Racine était venu à la vertu par la religion, après que « son tempérament » l'eut égaré. Cela est vrai, en ajoutant que sa manière d'entendre la religion venait aussi de son tempérament, c'est-à-dire de sa sensibilité. Ses défauts avaient la même source que ses qualités; les mêmes penchants, soumis au bien, produisaient chez lui la bonté, la paix du cœur, la résignation et l'austérité.

Racine a eu des torts dans son caractère et dans sa conduite, dans sa vie et dans ses œuvres. Il a été ingrat pour ses maîtres, impatient avec Molière, irrespectueux avec Corneille, dur pour le souvenir de la Champmeslé, flatteur pour le roi. Mais il a réparé ou compensé ces fautes, et toujours elles eurent leur explication ou leur excuse dans une erreur de sensibilité. Il a donné dans le faux goût; il a voilé une force qui eût gagné parfois à moins d'enveloppement; il a eu quelque timidité de forme et un excès de poli. Mais la même délicatesse qui l'avait égaré le ramenait vite, et elle lui évitait les excès où pouvait le conduire la hardiesse de ses sujets.

Peu de caractères et de génies sont de qualité aussi fine et aussi forte, aussi noble et aussi pure. Ce grand homme était un homme, et ce grand poète un homme de lettres. Mais il n'y a guère d'écrivains qui, avec les défauts inséparables de notre nature et de sa profession, offrent autant à admirer et aussi peu à blâmer.

DEUXIÈME PARTIE

L'ŒUVRE

CHAPITRE I

ORIGINALITÉ DE RACINE. — LA TRAGÉDIE DE PASSION.

Dans toutes les littératures, les genres se forment par un long travail que poursuivent en commun la marche générale de la civilisation, l'esprit de chaque peuple, un grand nombre d'écrivains plus ou moins obscurs. Les hommes de génie profitent de ce travail; ils y ajoutent beaucoup en une seule fois, mais ils recueillent un héritage. On les appelle créateurs, et l'on a raison, car ils mettent l'ordre dans un chaos, mais un chaos où les germes de fécondité ont été accumulés par leur race et leurs devanciers. En ceci comme en tout, la nature ne fait pas de sauts.

Et lorsque, dans le même genre, se produit une

succession de grands écrivains, comme il est arrivé, pour la tragédie, en Grèce et en France, chacun d'eux, de quelque empreinte originale qu'il marque son œuvre, a commencé par suivre la trace de ses prédécesseurs immédiats. Ce que Sophocle et Euripide doivent à Eschyle, Racine le doit à Corneille.

Lorsque, en 1636, le *Cid* vint donner à la tragédie française le premier de ses chefs-d'œuvre, il y avait plus d'un siècle que, dans tous les pays de l'Europe, le genre tragique cherchait ses conditions d'existence. En Italie, chez les héritiers directs de la tradition gréco-latine, le drame s'efforçait d'appliquer la poétique des anciens, mais les grands écrivains lui manqueront jusqu'au bout. En Espagne et en Angleterre, il avait hésité entre la tradition classique et l'invention nationale. Celle-ci l'emportait, sous l'influence de causes très diverses dont les principales furent, pour l'Espagne, l'amour passionné de l'énergie et, pour l'Angleterre, l'individualisme. En France, où dominait le besoin de la vie sociale, c'est-à-dire la subordination en toutes choses de l'indviidu à l'État, le théâtre se disciplinait à l'exemple du royaume et, avec la force créatrice qui manquait à l'Italie, suivait la tradition gréco-latine. La tragédie française allait reprendre les règles essentielles de la tragédie grecque, en les adaptant à un état social différent.

Tout le dix-septième siècle, sur la foi des humanistes, a cru que ces règles avaient été formulées par Aristote, et il en a fait la trinité sacro-sainte de temps, de lieu et d'action. En réalité, ni les tragiques grecs ni Aristote n'entendaient les lois du poème tragique comme les humanistes et nos poètes classiques : la civilisation et le théâtre d'Athènes différaient trop complètement de la société et de la scène françaises pour qu'une telle parité fût autre chose qu'une illusion. Si nos poètes avaient les yeux fixés sur les modèles grecs, ils suivaient sans en avoir conscience une force supérieure à toute imitation, l'influence de leur temps. Les trois unités sont le résultat d'une fusion entre l'esprit antique et l'esprit moderne. Cette religion littéraire s'est formée, comme toute religion, par le travail de plusieurs générations sur des traditions d'abord confuses, peu à peu codifiées en corps de doctrine, enfin amenées à l'état de dogmes immuables. Volontiers les hommes croient que les théologies et les rhétoriques ont été formulées d'un seul coup. En réalité, elles sont le résultat d'un long devenir, qui se fixe à un moment de l'histoire.

C'est ainsi que, aux environs de 1636, la tragédie française se trouvait constituée. Elle achevait la séparation complète des deux éléments dramatiques, le sérieux et le plaisant. Elle renonçait aux vastes tableaux embrassant toute une époque et toute une existence, pour concentrer son effort sur des crises rapides et des faits circonscrits. Elle employait un petit nombre de personnages, tous intéressés à l'action. Elle resserrait cette action, en élaguant tout ce qui pouvait en retarder la marche logique. Elle la plaçait dans un seul lieu, afin d'obtenir plus de clarté, de rapidité et de vraisemblance. Pour le même motif, elle lui donnait une durée de vingt-quatre-heures, la pièce étant censée se continuer dans l'intervalle des actes. Elle employait la forme oratoire, en éliminant le lyrisme et le pittoresque, comme moins dramatiques, car le théâtre a pour but de nous montrer des personnages parlant devant nous. Cette éloquence dramatique était raisonneuse, comme l'esprit de notre race, amplement développée et alternée, comme le dialogue réglé par les bienséances dans la vie réelle, noble à l'image d'une société où la vie de cour servait de modèle. Elle s'efforçait de peindre les âmes. Elle étudiait toutes les passions, mais en les groupant autour de l'amour, qui leur donne plus de force. Elle choisissait ses sujets dans la légende et dans l'histoire, moitié par imitation de la tragédie antique, moitié parce que l'éloignement élève l'intérêt. Pour les mêmes motifs, elle mettait en scène des personnages de grande condition.

Corneille avait pris la tragédie au moment où elle arrivait à la perfection technique, mais avant qu'elle l'eût atteinte. Assez longtemps encore on discutera sur les règles, parce que la formation de la tragédie, dont ces règles n'étaient que la définition, n'est pas terminée. Corneille cherchait de très bonne foi à les appliquer, mais il n'y réussissait qu'à moitié, car, outre qu'elles étaient encore obscures, elles contrariaient quelques-unes de ses tendances. Il avait dû son premier chef-d'œuvre à un sujet espagnol, et le théâtre espagnol, par son goût exclusif pour l'action et les scènes historiques, suivait une direction contraire à celle de la tragédie française. Lui-même aimait beaucoup l'histoire, et il y prenait des sujets si copieux que, même en les choisissant avec un grand sens du théâtre, il lui fallait de grands efforts pour les resserrer dans les limites de temps, de lieu et d'action. De là ses gaucheries. Ses chefs-d'œuvre et les pièces de sa décadence sont le résultat tantôt d'un accord, tantôt d'un conflit entre la nature de son génie et l'état de formation où il avait pris la tragédie. Ses chefs-d'œuvre toutefois étaient la consécration du genre, et, jusqu'au bout, à travers les perfectionnements et les altérations, dans le progrès et la décadence, la tragédie française restera ce qu'elle était devenue entre ses mains.

Cette forme commune, où chacun mettait son âme, grande ou médiocre, Corneille l'avait remplie d'héroïsme. Le héros est celui qui pense et agit grandement, d'après un idéal de vertu et de noblesse. Par suite, la faculté maîtresse du héros est la volonté. Et ses plus belles victoires sont celles qu'il remporte sur lui-même, car, s'il est héros, il est homme et il a des passions.

De toutes les passions, la plus universelle et la plus forte est l'amour, dont la tragédie française faisait son principal ressort. L'intérêt de la tragédie cornélienne est donc dans la lutte du héros contre l'amour et, accessoirement, contre les sentiments, légitimes ou coupables, qui font obstacle à une vertu dominante. D'un seul mot, le ressort constant de la tragédie cornélienne est la lutte de la volonté contre la passion au profit du devoir. Dans le *Cid*, l'honneur et le devoir filial luttent contre l'amour; dans *Horace*, le patriotisme lutte contre l'amour et le sentiment de la famille; dans *Cinna*, le devoir filial et la clémence luttent contre l'amour et la vengeance; dans *Polyeucte*, l'enthousiasme religieux lutte contre l'amour conjugal.

Racine prend la tragédie au point où Corneille l'a portée; mais, par le fait du progrès réalisé et de son génie propre, il observe avec une aisance parfaite les lois qui gênaient son devancier. En outre, l'âme qu'il donne à sa tragédie est toute différente de celle qui inspire la tragédie cornélienne. A l'héroïsme, c'est-à-dire à la volonté luttant contre la passion, il substitue la passion et, au premier rang, l'amour, tendant à se satisfaire. Il maintient la volonté comme ressort principal de l'action, car l'intérêt dramatique résulte surtout d'un conflit de volontés, mais il l'emploie autrement : il la montre luttant contre les obstacles qui s'opposent à la passion.

Cette manière nouvelle d'entendre la tragédie résulte, en grande partie, de la double éducation, janséniste et grecque, reçue par Racine.

Les trois unités ont pour but d'en produire une seule, l'unité d'intérêt, et elles atteignent ce résultat par la simplicité logique de l'action. Simplicité et logique sont des qualités grecques par excellence. Or on a vu quelle connaissance du grec Port-Royal avait donnée à Racine. Le poète ne cesse de se proposer pour modèle la pure beauté hellénique, et l'on a vu ses déclarations à ce sujet.

De là une entente de la tragédie qui est juste l'opposé du procédé cornélien. Il fallait à Corneille des sujets « chargés de matière », des faits exceptionnels, une intrigue compliquée, des coups de théâtre surprenants. Rien de moins ordinaire que le sujet légendaire du *Cid*, si ce n'est le sujet historique d'*Horace*. C'est que, plus la situation où le poète jette ses héros sera difficile et dangereuse, plus ils pourront déployer leur volonté, plus ils seront héroïques. Racine, au contraire, se préoccupe surtout de vérité, et les sujets les plus simples lui suffisent. Dans le parallèle de sa poétique avec celle de Corneille, qu'il a indiqué à propos de *Britannicus*, il est tout à fait injuste pour son grand devancier; mais, en faisant à Corneille un mérite de ce qu'il lui reproche et en effaçant quelques mots méprisants, voici bien ce que la tragédie racinienne et la tragédie cornélienne sont à l'opposé l'une de l'autre :

Au lieu d'une action simple, chargée de peu de matière, telle que doit être une action qui se passe en un seul jour et qui, s'avançant par degrés vers sa fin, n'est soutenue que par les intérêts, les sentiments, les passions des personnages, il faudroit remplir cette même action de quantité d'incidents qui ne se pourroient passer qu'en un mois, d'un grand nombre de jeux de théâtre, d'autant plus surprenants qu'ils seroient moins vraisemblables, d'une infinité de déclamations où l'on feroit dire aux acteurs tout le contraire de ce qu'ils devroient dire.

Il complétait cette déclaration dans la préface de *Bérénice* :

Il n'y a que le vraisemblable qui touche dans la tragédie. Et quelle vraisemblance y a-t-il qu'il arrive en un jour une multitude de choses qui pourroient à peine arriver en plusieurs semaines? Il y en a qui pensent que cette simplicité est une marque de peu d'invention. Ils ne songent pas qu'au contraire toute l'invention consiste à faire quelque chose de rien, et que tout ce grand nombre d'incidents a toujours été le refuge des poëtes qui ne sentoient dans leur génie ni assez d'abondance ni assez de force pour attacher durant cinq actes leurs spectateurs, par une action simple, soutenue de la violence des passions, de la beauté des sentiments et de l'élégance de l'expression.

Cet amour de la simplicité commandera toute la tragédie de Racine, sujets, développement et style. Quant à l'inspiration morale de cet œuvre, c'est l'esprit janséniste.

Le jansénisme prend son point de départ dans le dogme du péché originel. Pour lui, la nature humaine, viciée par la faute première, est foncièrement mauvaise. Dieu a racheté cette faute; mais, pour arriver au salut, il faut que la grâce se joigne à la purification du baptême. Du jour où l'homme entre dans la vie, il subit les assauts du mal, et il ne peut les repousser sans l'aide de Dieu. Or, la grâce est difficile à obtenir; Dieu l'accorde ou la refuse à son gré; le nombre des élus est petit. Les passions, toujours en éveil, sont les formes diverses que prend le mal pour nous perdre. Croire que, par la seule force de la volonté, nous arriverons à les surmonter, est une illusion funeste. D'autre part, nous courons à notre perte d'autant plus vite que nous mettons plus d'énergie au service de nos passion. Peindre les passions, au point de vue janséniste, ce sera donc montrer la volonté humaine subissant de terribles défaites.

Cette morale est juste le contraire de la morale cornélienne. Les héros de Corneille triomphent de leurs passions à force de volonté. Par la volonté, Rodrigue, amoureux de Chimène, préfère son honneur à son amour. Le jeune Horace, par instinct héroïque, Curiace, par un effort de volonté, surmontent l'amour et le sentiment de la famille. Par la volonté, Émilie surmonte l'amour et Auguste le désir de la vengeance. Par la volonté, Cornélie brave César et porte dignement le grand nom de Pompée. Dans la seule pièce de Corneille qui soit d'inspiration janséniste, le jansénisme est consolant : la grâce, invoquée par Polyeucte, descend à son appel; elle le soutient dans sa lutte contre l'amour et l'aide à en triompher.

Tout le théâtre de Racine nous montre le contraire de cet optimisme. L'amour pousse Oreste et Hermione, à l'assassinat, à la folie et au suicide. Cependant aucun d'eux n'est volontairement mauvais. Leurs âmes sont hautes et leurs sentiments généreux. Mais ils ont eu le tort de s'abandonner à la passion, et elle les perd. Néron est méchant; l'amour le rend féroce. Titus et Bérénice souffrent cruellement par l'amour; ce n'est pas la volonté qui les aide à surmonter leur amour, car elle est faible devant la passion, mais la raison d'État. Chez Roxane, l'amour est la plus effrénée et la plus sanguinaire des passions : elle perd tout ce qui se trouve sur son passage; elle provoque une « horrible tuerie ». Phèdre lutte contre l'amour, mais la grâce lui manque, et l'amour, plus fort que sa volonté, la pousse au crime.

De même pour les autres passions, lorsque la volonté s'emploie à les satisfaire : Agamemnon sacrifie sa fille à l'ambition; Agrippine et Athalie sacrifient tout à l'amour du pouvoir et n'arrivent qu'à se perdre.

Ainsi, partout, dans Racine, la volonté moins

forte que la passion et l'homme brisé par celle-ci, dès qu'il s'y abandonne. Un autre grand janséniste, Pascal, n'a pas humilié plus profondément la nature humaine. La méchanceté et la faiblesse que Pascal démontre par le raisonnement, Racine les montre en action.

Comme la vérité dans la représentation de la vie est différente chez Racine et chez Corneille, de même la leçon qui résulte de cette double vérité. Corneille nous exhorte à nous élever au-dessus de nous-mêmes. Il nous pousse à l'action, en nous proposant l'exemple des plus hautes vertus humaines : honneur, abnégation, dévouement. Il sème des germes d'héroïsme. Au contraire, en nous montrant les larmes et le sang que la passion fait répandre, les ruines qu'elle entasse, le sort fatal où elle conduit, Racine nous enseigne la méfiance de nous-même et la crainte des égarements. Comme ils se complètent dans la représentation de la vie, nos deux grands tragiques se complètent aussi dans la leçon qu'ils tirent de ce spectacle.

Il résulte de là que la tragédie de Corneille, montrant des caractères aux prises avec des situations, est surtout une tragédie de caractères, tandis que la tragédie de Racine, montrant les ravages de la passion dans les âmes, est surtout une tragédie de passion.

Il en résulte aussi que le sentiment produit par Corneille sur le spectateur est l'admiration, et le sentiment produit par Racine, la pitié.

Pour qu'un personnage excite le plus d'admiration possible en luttant contre les événements, il faut que ces événements soient non seulement extraordinaires, mais nombreux. De là, chez Corneille, la complication des sujets. Si juste que soit chez lui l'instinct du théâtre, on a souvent l'impression que ses sujets, comme le *Cid*, appartiennent encore plus à l'épopée qu'au drame, à l'histoire, comme *Horace*, *Cinna*, *Pompée*, au lyrisme, comme *Polyeucte*. Il y a drame, puisqu'il y a volonté agissante, mais les éléments du drame sont encore mêlés d'éléments étrangers. A qui se contente, au contraire, de montrer l'homme en proie à la passion, il suffit des faits les plus simples, de ces catastrophes journalières auquelles nous sommes tous exposés. Tels sont, derrière les grands noms de la mythologie et de l'histoire, les sujets que choisit Racine. Par un rapprochement ingénieux, Nisard a montré comment le sujet de *Britannicus* se retrouve chaque jour dans la vie réelle. La plupart peuvent se ramener à un fait divers. Rien de plus exceptionnel que l'aventure de Rodrigue, tenu d'honneur, le matin, à tuer le père de sa maîtresse et, le soir, fiancé à la fille de sa victime; que celle des Horaces et des Curiaces, beaux-frères que le patriotisme oblige à s'entretuer; de Cinna, conspirateur au lever du rideau et, au dénouement, ministre du prince qu'il voulait assassiner; de Polyeucte, converti et supplicié le même jour. Au contraire, une femme comme Hermione, faisant tuer l'homme qu'elle aime et qui ne l'aime pas, par l'homme qu'elle n'aime pas et qui l'aime; un homme et une femme, comme Titus et Bérénice, obligés par les convenances sociales de se séparer, en s'aimant toujours; une femme doublement meurtrière, par jalousie, de son amant et de sa rivale, comme Roxane; une belle-mère éprise de son beau-fils, comme Phèdre, les personnages de ce genre ne cessent d'alimenter la *Gazette des Tribunaux*.

Il ne s'ensuit pas que la tragédie de Racine soit plus vraie que celle de Corneille. Leur vérité est égale et différente. Il y a dans la vie des faits exceptionnels, et il y en a d'ordinaires. Devant le spectacle de la vie, Corneille et Racine ont choisi chacun ce qui convenait à la nature de son génie, l'un avec le sentiment de la grandeur humaine, l'autre avec celui de notre infirmité.

Luttant contre des situations qu'ils n'ont pas créées, les personnages de Corneille les subissent, et, si leur volonté résiste aux événements, leurs actions n'en sont pas moins commandées par ceux-ci. Ils sont le jouet d'une destinée au niveau de laquelle ils élèvent leurs âmes et leur courage. Dans la tragédie de Racine, au contraire, les événements sont la conséquence nécessaire des passions mises en jeu. La volonté des personnages, poursuivant la satisfaction de ces passions, provoque ces événements, et, par cela seul qu'ils agissent dans la logique de leurs sentiments, ils doivent, au bout de leurs actes, en rencontrer la conséquence nécessaire. Lorsque Oreste, sachant qu'Hermione ne l'aime pas, consent à tuer Pyrrhus, sur la promesse qu'elle sera le prix du crime, il ne doit s'en prendre qu'à lui-même de son double malheur, lorsqu'il se trouve assassin et frustré. Pourtant il accuse le ciel :

> Grâce aux Dieux, mon malheur passe mon espérance.
> Oui, je te loue, ô Ciel, de ta persévérance...

Mais c'est là un mouvement très humain. Il est rare que, devant le résultat de nos fautes, nous ayons la franchise de nous reconnaître les artisans de notre malheur. Ce n'est pas le ciel qui obligeait Oreste à tuer Pyrrhus. Il a, sciemment, appliqué sa volonté à commettre un crime. Il se rendait justice lorsqu'il disait à Hermione :

> Je sais que vos regards vont rouvrir mes blessures,
> Que tous mes pas vers vous sont autant de parjures,
> Je le sais, j'en rougis.

Au contraire, les personnages de Corneille appliquent leur volonté à se défendre contre les coups du destin. Ils ont le droit, comme Molière le disait plaisamment dans la *Critique de l'École des femmes*, « de braver en vers la fortune, accuser les destins et dire des injures aux dieux ».

De là cette juste définition que la tragédie de Corneille subordonne les caractères aux situations, et la tragédie de Racine, les situations aux caractères.

Aussi le ressort des tragédies de Racine est-il tout intérieur. Par cela seul que tel personnage est animé de tel sentiment et veut telle chose, il doit accomplir tels actes, ceux-là nécessairement et pas d'autres. Par cela seul que tels personnages, animés de tels sentiments, se trouvent en présence, il est inévitable que tels conflits surgissent entre eux.

Dès *Andromaque*, Racine dirige avec la plus exacte précision cette mécanique passionnelle. M. Paul Janet a montré par une pénétrante analyse quelle science psychologique dénote cette première pièce. Andromaque, captive de Pyrrhus, est fidèle à la mémoire de son mari et veut sauver son fils. Pyrrhus, qui aime Andromaque et veut l'épouser, fait de ce mariage une condition de salut pour le fils de sa captive. Tout le rôle d'Andromaque est une délibération morale où elle pèse d'un côté ses devoirs de veuve, de l'autre ses devoirs de mère. Tout le rôle de Pyrrhus, engagé avec Hermione, est commandé par celui d'Andromaque. Découragé par celle-ci, il revient vers Hermione; encouragé par la première, il s'écarte de la seconde. De même les sentiments d'Hermione changent, selon que Pyrrhus se rapproche ou s'éloigne d'elle. Oreste aime Hermione; il espère ou désespère selon qu'Hermione l'attire ou le repousse. Ainsi tous les personnages se trouvent dans la dépendance morale d'Andromaque, protagoniste de la pièce. Mais Andromaque elle-même subit, dans ses espérances et dans ses craintes, le contre-coup des sentiments qu'elle a provoqués.

Il n'y a pas un seul fait de la pièce qui soit produit autrement que par ce jeu d'actions et de réactions. Les personnages, esclaves d'eux-mêmes et les uns des autres, des sentiments qu'ils inspirent et de ceux qu'ils éprouvent, sont comme emprisonnés dans un cercle de fer. Ils se heurtent et se meurtrissent, jusqu'à ce que la mort et la folie les délivrent. Seule, Andromaque, qui ne poursuivait pas un but égoïste, mais l'accomplissement d'un devoir, sort pure et sauve de cette lutte effroyable.

On pourrait analyser de même toutes les tragédies de Racine; on y trouverait la même sûreté logique dans le maniement des passions et la même habileté à conduire le drame sans autre intervention que celle des facteurs moraux. Presque jamais les situations ne sont produites par d'autres causes que le jeu naturel des passions. La férocité de Néron et l'ambition d'Agrippine, la scélératesse de Narcisse et la droiture de Burrhus, l'amour de Titus et de Bérénice combattu par la raison d'État, la passion incestueuse de Phèdre, le despotisme inquiet d'Athalie, l'enthousiasme religieux de Joad agissent par eux-mêmes et par contre-coup, suivant des lois psychologiques dont ils sont la démonstration vivante et où ils trouvent leur explication théorique.

J'ai dit presque jamais, car il est arrivé à Racine, deux ou trois fois, de faire intervenir dans le drame des éléments empruntés au dehors. Ainsi, dans *Iphigénie*, le *deus ex machina*, l'intervention de Calchas, substituant un dénouement factice au dénouement logique; dans *Bajazet*, le message d'Amurat, qui permet à Roxane de découvrir l'amour de Bajazet et d'Atalide; dans *Mithridate*, le retour du vieux roi venant traverser les amours de ses fils; dans *Phèdre*, celui de Thésée obligeant Phèdre à perdre Hippolyte pour se sauver. Il est rare que la pièce gagne à ces interventions. Racine paye l'avantage qu'il en tire par une diminution du double effet de simplicité et de vérité qu'il tient par-dessus tout à produire. En revanche, ces personnages venant jouer un rôle décisif dans le conflit déjà commencé, ces sentiments nouveaux introduits comme facteurs dominants au milieu de ceux qui s'étaient déjà emparés de la scène, n'ont pas pour but de produire des coups de théâtre, mais d'aider au développement des passions engagées. Ce sont encore des éléments psychologiques plutôt que des moyens d'intérêt matériel.

Pour faire agir les passions avec cette justesse, le poète les prend à leur maximum d'énergie. Les personnages, au lieu de s'analyser et de se raconter, se font comprendre par leurs actes. Ils sont tout passion, et si le poète voit très clair dans les mobiles de leur conduite, ils sont trop occupés d'agir pour se démontrer. Autant les héros de Corneille sont raisonneurs, autant ceux de Racine le sont peu. Si ces derniers discutaient avec eux-mêmes, ils seraient effrayés de ce qu'ils disent ou font, et ils s'arrêteraient. La plupart pourraient dire, comme Hermione :

> Je crains de me connaître en l'état où je suis.

Chacun d'eux est comme la démonstration vivante d'une passion, un cas, comme disent les pathologistes. Ils ne s'attardent à rien d'inutile; ils vont jusqu'au bout de l'impulsion reçue. De là vient la structure serrée des tragédies de Racine et leur rapidité d'action. Il n'y a pas chez lui de scènes inutiles; le drame marche sans dévier, sans hâte ni lenteur, avec les degrés naturels d'énergie, les rémissions et les recrudescences des passions mises en jeu.

Aussi Racine choisit-il ses sujets de telle sorte que ce soit pour les passions une nécessité d'aboutir, au moment où un conflit suprême s'engage entre elles. Chez lui surtout, selon le mot de Gœthe, la tragédie est « une crise », c'est-à-dire chose serrée, rapide et violente. De là vient la facilité avec laquelle il observe les unités. Au moment où le rideau se lève, une longue préparation s'est faite dans l'âme des personnages. Leur situation, pour ainsi parler, est si mûre, qu'il leur suffit de quelques mots pour nous mettre au courant. Avec eux, l'exposition elle-même est action. Ils tendent de tout leur désir et de toute leur volonté vers un but prochain. Aussi la concentration que cherche la tragédie classique est-elle pour eux une nécessité. Il semble que le poète n'ait plus qu'à laisser aller l'action ainsi conçue et qu'elle marche d'elle-même vers le dénouement.

L'intérêt résultant d'actions nécessaires, le poète n'a pas besoin, pour le produire, de moyens artificiels. Ceux de Racine sont les plus simples du monde. Il semble qu'aucun effort d'invention n'ait été nécessaire pour les trouver. Les personnages se rencontrent, l'action s'engage et se noue avec une telle aisance, que cet art délicat semble de la facilité la plus aisée. Il faut réfléchir pour apprécier à leur valeur la sûreté de ces préparations et de ces combinaisons. Le plus complet éloge que l'on puisse faire des tragédies de Racine, c'est qu'il est impossible de les imaginer autres qu'elles ne sont. Les faits ne pouvaient pas se passer d'une autre manière; on ne voit rien à ajouter, rien à retrancher. Cet art donne l'illusion de la vie elle-même.

Pour apprécier la nouveauté originale de cette simplicité, il faut la comparer non seulement à la complexité ingénieuse de Corneille, mais aux combinaisons laborieuses, invraisemblables, souvent extravagantes, de la tragédie dans la première moitié du siècle. Racine rompt avec les procédés factices qui n'empêchaient pas le génie de Corneille d'atteindre le grandiose, l'héroïque et le sublime, mais qui, chez les autres tragiques, arrivaient à l'extraordinaire, à l'emphase et à la subtilité. Molière a chassé le précieux de la comédie, et Racine le romanesque de la tragédie. Ces deux génies, d'ailleurs si différents, se rencontrent dans le même amour du naturel et du vrai.

En cherchant à définir la tragédie de Racine, on est continuellement obligé de rappeler celle de Corneille. C'est le seul moyen, en montrant la profonde différence des deux poètes, de marquer l'originalité de Racine. Tous deux ont atteint le plus haut degré du génie tragique, mais Corneille visait à l'héroïque, c'est-à-dire à l'exceptionnel, Racine regardait l'humanité ordinaire et constante. De la sorte, ils représentent à eux deux les deux formes suprêmes de l'art tragique, comme de tout art, l'une idéaliste, l'autre réaliste. C'est une des causes pour lesquelles, après eux, la tragédie s'est trouvée épuisée. Leurs successeurs n'ont pu donner que l'illusion du génie ou du talent tragique, comme Voltaire et Crébillon, car ne pouvant ou n'osant plus faire grand et vrai, ils sont revenus à l'extraordinaire et au romanesque, voire à l'horrible. Ne sachant pas exciter l'admiration et la pitié, ils n'ont produit que l'étonnement et l'horreur.

CHAPITRE II

LES SUJETS.

En tout temps, le poète dramatique n'est qu'à moitié libre de choisir ses sujets. Il les reçoit en partie du goût public. Son originalité consiste dans la manière dont il les traite, dans ce qu'il écarte et dans ce qu'il retient, dans l'empreinte que son imagination et sa sensibilité impriment au fonds commun de sentiments, d'idées et de connaissances qu'il partage avec ses contemporains.

Telle que Racine la trouvait constituée, la tragédie française demandait avant tout des personnages de grande condition, qui permettaient de l'élever à une hauteur où la psychologie et la morale, n'ayant pas à compter avec les nécessités vulgaires de la vie, pouvaient se développer à l'aise. Elle les empruntait à l'histoire, qui fournit les grands hommes et les grandes actions, et à la légende, qui, plus encore que l'histoire, permet la peinture idéale des passions. Elle choisissait de préférence l'histoire ancienne, qui, par l'éloignement, procure le plus de majesté, et les légendes mythologiques, car les idées du temps lui interdisaient à peu près les sujets sacrés. *Saint-Genest* et *Polyeucte* sont des exceptions dans la tragédie antérieure à celle de Racine. Depuis que l'église et le théâtre avaient divorcé, l'histoire religieuse et le dogme étaient interdits au poète dramatique. C'est là ce qu'entendait Boileau par le précepte que l'on sait. Il fallut des circonstances exceptionnelles pour que Racine écrivit *Esther* et *Athalie*.

Ainsi, par le fait même de son respect pour la religion, le XVIIe siècle l'écartait du théâtre, alors que, pour peindre les mœurs avec vérité, il aurait dû lui donner le premier rang. Mais il était trop dominé par la morale chrétienne pour ne pas lui faire indirectement une place en rapport avec son importance sociale. De là, dans la tragédie de Racine, des caractères comme ceux d'Andromaque et de Phèdre, païens de nom, chrétiens de fait. De là aussi, chez lui comme chez ses contemporains, un continuel anachronisme entre le fond et la forme, les sujets et les sentiments.

A cette religion des âmes, le XVIIe siècle joignait, comme religion des esprits, le culte de l'antiquité. Ce culte restreignait le choix de ses sujets à ceux qui avaient été traités ou indiqués par les anciens. Il imposait, pour ainsi dire, l'imitation. Mais, tandis que le XVIIe siècle se servait des fables païennes pour exprimer ses croyances, l'histoire ancienne lui fournissait des cadres pour la peinture de ses mœurs. Jamais aussi l'imitation ne fut plus libre et plus créatrice. De là, dans les œuvres de ce temps, et surtout au théâtre, une proportion constante de vérité et de convention.

Ame chrétienne, esprit nourri d'antiquité, cœur ardent, génie observateur et psychologue, Racine combine cette convention et cette verité avec une harmonie qu'aucun de ses contemporains n'a égalée. Sous les noms anciens, il peint son temps avec une force, une justesse et une franchise que des sujets contemporains n'auraient pas admises à un degré supérieur. Il use de l'antiquité avec une sûreté de connaissance et d'intelligence qui en ressuscite l'esprit dans ce qu'il a d'essentiel, sous des erreurs de pure surface. Il ne dénature jamais ses modèles; il les transforme en les égalant; il leur donne une perfection égale et différente. Son théâtre, toujours chrétien et français, représente les civilisations hébraïque, grecque, romaine, turque, avec une fidélité savante et scrupuleuse. Surtout, par-dessus les noms antiques, les héros et les rois, par-dessus la France monarchique et chrétienne, il a en vue l'homme en soi, celui de tous les temps et de tous les pays. La vérité légendaire et la vérité historique, la vérité contemporaine et la vérité permanente sont le résultat de cet art composite et mesuré.

Que Racine se borne à prendre quelques traits dans la légende antique ou qu'il lui emprunte des sujets entiers, il témoigne du même scrupule et use de la même liberté. Pour *Andromaque*, où quelques vers de Virgile lui suffisaient comme point de départ, il fait cette déclaration : « Mes personnages sont si fameux dans l'antiquité que, pour peu qu'on les connaisse, on verra fort bien que je les ai rendus tels que les anciens poètes nous les ont donnés. » Mais, entre les éléments divers de la légende, il choisit; il prend les plus purs, c'est-à-dire les plus conformes aux préférences de son âme : « Andromaque ne connaît pas d'autre mari qu'Hector, d'autre fils qu'Astyanax. On ne croit point qu'elle doive aimer ni un autre mari ni un autre fils. » On remarquera ces mots : « On ne croit point... » Racine, en effet, se règle sur l'opinion commune au sujet de ses personnages, et, en cela, il fait preuve d'un grand sens dramatique : le public ne s'intéresse qu'à ce qu'il connaît. Pour *Iphigénie*, il a passé en revue les différentes versions du fameux sacrifice, et il s'est arrêté à la seule que puisse admettre le goût de son temps : « Quelle apparence que j'eusse souillé la scène par le meurtre d'une personne aussi aimable et aussi vertueuse qu'il falloit représenter Iphigénie? » Même le personnage d'Ériphyle, « sans lequel, dit-il, je n'aurois jamais osé entreprendre cette tragédie », cet « heureux personnage » qui lui fournit un de ces caractères de femmes jalouses où il excelle, repose sur une autorité ancienne. Dans *Phèdre*, il s'est « très scrupuleusement attaché à suivre la fable », mais il s'est appliqué à rendre son héroïne « un peu moins odieuse qu'elle n'est dans la tragédie des anciens ». S'il fait Hippolyte amoureux, ce n'est pas seulement pour éviter les railleries des « petits maîtres », c'est qu'il a besoin de donner une rivale à Phèdre, pour exaspérer sa passion par la jalousie, mais ce n'est pas sans une autorité, et il la cite.

Iphigénie et *Phèdre* sont imitées d'Euripide, le seul des trois tragiques grecs que Racine ait directement suivi, non seulement parce qu'il trouvait Sophocle trop parfait et, sans doute, Eschyle trop loin de nous, mais aussi parce que « Euripide étoit extrêmement tragique, c'est-à-dire qu'il savoit merveilleusement exciter la compassion et la terreur, qui sont les véritables effets de la tragédie ». Il y a là une affinité de nature : le pathétique, c'est-à-dire le don d'émouvoir, est le résultat de la sensibilité, essence du génie racinien. Mais Euripide est subtil et sophiste, souvent maladroit et de mauvais goût. Il est incrédule et philosophe. Il offre tantôt la naïveté, tantôt la grossièreté du génie grec. Racine lui laisse ces défauts, et, sur le fond grec, il étend sa délicate élégance. Il lui laisse de même des moyens d'intérêt, excellents pour Athènes, inacceptables à Paris : au mysticisme du chaste adorateur de Diane il substitue un amour d' « honnête homme », et à la maladie physique de la païenne, l'égarement de la chrétienne damnée. Encore plus libre est l'imitation qui lui fait trouver une éloquence concise dans la rhétorique enflée de Sénèque.

Ce procédé de création, tirant la vérité contemporaine de la vérité historique, est surtout frappant dans *Bérénice*. Ici, le poète n'a pris à l'histoire que l'indication de son sujet, en deux lignes, et il l'a développé avec une vraisemblance qui ne demandait aucune concession au spectateur le plus versé dans l'histoire romaine. Aujourd'hui l'érudition a retrouvé le vrai Titus et la vraie Bérénice : Titus, homme de plaisir et empereur surfait; Bérénice, une vieille maîtresse pratique et tenace. Tous deux eussent été fort peu dignes de la tragédie. Dans *Britannicus*, le poète rivalisait avec « le plus grand peintre de l'antiquité », et, comme lui, il voulait peindre « la cour d'Agrippine et de Néron ». Il a donc suivi Tacite de près, mais il est beaucoup trop modeste en disant « qu'il n'y a presque pas un trait éclatant dans sa tragédie dont il ne lui ait donné l'idée ». Ses imitations n'ont été que de détail, tantôt traductions, où il élevait son français à la hauteur d'un tel latin, tantôt réminiscences, où il disait autrement et aussi bien. Avec le cadre, les personnages et le sujet que lui fournissait l'historien latin, il a peint un tableau où l'arrangement, le dessin et la couleur lui appartiennent. Mais, outre l'invention constante dans les sentiments et le dialogue, il a surtout fait œuvre de poète dramatique en mettant en action ce que Tacite mettait en récit. Même scrupule historique dans *Mithridate*, où il a représenté son héros avec « sa haine violente contre les Romains, son grand courage, sa finesse, sa dissimulation, et enfin cette jalousie qui lui étoit si naturelle ». Mais ce Mithridate, qui est celui de Florus, de Plutarque et de Dion Cassius, parle et agit avec une intensité de vie dont aucun de ces historiens ne donnait l'idée. Le héros mort ressuscite; il ne faisait qu'intéresser, et il émeut.

Bajazet est une histoire presque contemporaine, c'est-à-dire une exception dans le théâtre de Racine et dans celui de son temps. Le poète a donc pris soin d'expliquer le choix d'un tel sujet. Pour cela, il s'est appuyé sur la définition même de la tragédie :

A la vérité, je ne conseillerois pas à un auteur de prendre pour sujet d'une tragédie une action aussi moderne que celle-ci, si elle s'étoit passée dans le pays où il veut faire représenter sa tragédie, ni de mettre des héros sur le théâtre qui auroient été connus de la plupart des spectateurs. Les personnages tragiques doivent être regardés d'un autre œil que nous ne regardons d'ordinaire les personnages que nous avons vus de si près. On peut dire que le respect que l'on a pour les héros augmente à mesure qu'ils s'éloignent de nous : *major e longinquo reverentia.* L'éloignement des pays répare en quelque sorte la proximité du temps. Car le peuple ne met guère de différence entre ce qui est, si j'ose ainsi parler, à mille ans de lui et ce qui est à mille lieues.

Ce passage suffirait à montrer combien l'art de Racine était réfléchi et conscient de lui-même.

Esther et *Athalie* sont, de tous les sujets raciniens, ceux avec lesquels le poète pouvait se permettre le moins de liberté; ce sont aussi ceux qu'il a traités avec le plus d'aisance. C'est que, âme profondément religieuse, il les comprenait dans leur essence et qu'il pouvait y mettre la piété dont il était plein. Il s'est interdit les libertés de fond avec le texte des livres saints; mais il a procédé comme tous ceux de ses contemporains qui les abordaient, comme Bossuet expliquant le *Cantique des Cantiques*. Il a élagué les crudités de fait et atténué les expressions pénibles pour le goût de son temps. Dans la Bible, Assuérus est un despote cruel et capricieux, le maître brutal d'un sérail dont Esther est la favorite complaisante. Dans la tragédie racinienne, Assuérus devient un roi juste et un époux délicat. Racine se garde bien de le montrer, comme la Bible, facile aux prières d'Esther « lorsqu'il a bien bu », ce qui le rend « extrêmement gai ». Esther, surtout, entourée d'égards et aussi chaste qu'Andromaque, offre la dignité de l'épouse chrétienne. La Bible n'est plus ici l'expression dure d'un génie farouche, mais le livre vénéré où le respect de la parole de Dieu ne veut voir qu'un texte édifiant. Non seulement ce respect permet à Racine d'être vrai, mais il le lui commande. Le poète s'en sert pour faire parler la piété de son temps et sa propre foi. L'harmonie d'*Esther* est comme la plainte de son âme, émue par l'amour de Dieu. Il y joint l'angoisse qu'il éprouve pour ses amis, la reconnaissance envers ses protecteurs, le culte de son roi. Ainsi *Esther* et *Athalie* joignent à la vérité hébraïque la vérité chrétienne et la vérité monarchique. Le résultat de deux mille ans d'histoire et de religion est fondu en un seul tableau.

Une telle poétique exclut ce que les romantiques devaient appeler la « couleur locale », c'est-à-dire l'exactitude archéologique. Faute du mot, le XVIIe siècle connaissait la chose, mais, pour l'écarter du théâtre tel qu'il l'entendait, il avait de bonnes raisons. D'abord, l'enquête sur l'antiquité, instituée par la Renaissance, continuait encore. Elle devait être si longue que, s'il faut en croire nos archéologues, elle commence tout juste à donner des résultats acceptables.

Racine connaissait de l'archéologie tout ce qu'on en pouvait connaître en son temps. S'il en a peu mis dans ses pièces, c'est que, outre la médiocre importance de la mise en scène dans la tragédie, spectacle plus intellectuel que matériel, il se rendait compte que le théâtre est chose vivante, tandis que l'archéologie est chose morte. Pour l'histoire comme pour le reste, il prenait son point de départ dans les connaissances moyennes de ses contemporains. Lebrun et Coÿsevox faisaient de même en peinture et en sculpture. Continuant les habitudes du moyen âge et de la Renaissance, ils habillaient et logeaient les personnages de la religion et de l'histoire comme les spectacteurs auxquels ils les présentaient.

Le romantisme, en donnant une importance exagérée à la couleur locale, remplaçait une convention par une autre. Sans faire la part trop belle à la tragédie du XVIIe siècle et lui comparer, par exemple, le *Caligula* d'Alexandre Dumas père, lorsque Victor Hugo, le plus attentif aux questions de ce genre, prétend évoquer au vrai le XVIIe siècle espagnol ou le XVIe siècle italien, époques relativement voisines de nous, on sait quelles erreurs matérielles et morales il commet. On ne joue déjà plus *Ruy-Blas* et *Lucrèce Borgia* avec les costumes de la création. On ne joue pas davantage Racine avec les costumes portés par Floridor et Mlle Champmeslé, mais la réforme de Mlle Clairon et de Talma, en mettant une exactitude relative dans le costume, a prouvé surtout la vérité permanente de la tragédie racinienne.

Au lieu donc de connaissances archéologiques, Racine nous offre le sentiment de l'histoire, ce qui est plus difficile et de plus grand prix. Par *Britannicus* et *Mithridate*, il permet au spectateur de lire dans l'âme d'un empereur romain et d'un roi barbare. Aussi les grands hommes, qui ont le droit d'être exigeants lorsqu'un poète prétend leur apprendre ce que pensaient leurs devanciers, déclarent-ils la vérité de Racine. On a vu l'opinion de Charles XII et du prince Eugène sur *Mithridate*. Si Napoléon, à Sainte-Hélène, « faisait l'éloge de Corneille avec chaleur », s'il disait « que c'était aux sentiments qu'il inspire que la France était redevable de quelques-unes de ses grandes actions », s'il « l'aurait fait prince », Racine était « son favori ».

En revanche, il voyait juste en refusant à Racine le sens de la politique. Celle-ci était le domaine de Corneille, qui, du reste, excellait aussi dans l'histoire. C'est que, du temps de Corneille, la politique descendait dans la rue, tandis que, au temps de Racine, elle se renfermait dans le cabinet du roi. L'observation ne pouvait plus guère porter que sur la vie de cour.

Se bornant donc à peindre les hommes tels qu'il les voit, Racine emprunte à la cour de Louis XIV les couleurs dont il a besoin pour représenter les empereurs, Rome, Byzance, la Grèce. Par elle, il évoque dans l'âme du spectateur la vision qui doit les entourer :

> Ces flambeaux, ce bûcher, cette nuit enflammée,
> Ces aigles, ces faisceaux, ce peuple, cette armée,
> Cette foule de rois, ces consuls, ce sénat.....

Princes ou courtisans, les personnages de Racine sont des hommes aussi voisins de nous par leurs sentiments qu'ils en sont éloignés par leur condition. Ils empruntent à celle-ci leur politesse et leur élégance, comme leurs riches vêtements. Mais, de même que, sous la plus brillante parure, le corps humain conserve sa physiologie, de même, sous leurs façons de dire, se retrouvent les sentiments éternels de l'âme humaine. Je montrais plus haut que les sujets de Racine se rencontrent dans la vie de tous les jours. On pourrait de même traduire en langage ordinaire le style noble et nuancé qui les revêt.

Comme tous ses prédécesseurs, Racine a fait de l'amour le ressort de sa tragédie, le sentiment autour duquel se groupent tous les autres et qui, plus ou moins, se les subordonne tous. Mais, plus qu'aucun d'eux, il a marqué cette suprématie. Corneille ne s'y était pas trompé, et l'on a vu plus haut sa déclaration à propos d'*Alexandre*. Chez lui, l'amour est subordonné, même dans le *Cid*, l'amour ne triomphe qu'après avoir cédé le pas au devoir. Avec Racine, au contraire, l'amour est bien la « dominante ». De là un profond changement, dont Napoléon Ier indiquait la cause, non sans injustice pour le poète :

> Bien que Racine, disait-il, ait accompli des chefs-d'œuvre en eux-mêmes, il y a répandu néanmoins une perpétuelle fadeur, un éternel amour, et son ton doucereux, son fastidieux entourage; mais ce n'était pas précisément sa faute, c'était le vice et les mœurs du temps. L'amour alors, et plus tard encore, était toute l'affaire de la vie de chacun. C'est toujours le lot des sociétés oisives.

En effet, depuis que Louis XIV avait imposé à la noblesse une existence brillante et vide, de plus en plus la grande affaire était d'aimer. Ce besoin remontait au temps où, après les longues guerres du XVIe siècle, la vie de salon avait donné une grande place aux femmes et revêtu l'amour de galanterie, c'est-à-dire de respect et de délicatesse. De là toute une littérature à la suite de l'*Astrée* et de l'Hôtel de Rambouillet. La guerre, en recommençant au dedans et au dehors, avait détourné les âmes et les cœurs vers l'ambition, le devoir ou le point d'honneur. L'amour avait dû se subordonner à d'autres sentiments et parler le mâle langage qui convient à des hommes d'épée. C'est ainsi que le peignait Corneille. Puis, la vie de salon et de cour avait repris avec un développement qui, de nouveau, tournait l'amour à la politesse et à la galanterie. Avec sa sensibilité et son élégance, sa tendresse et sa douceur, Racine abondait sans effort dans le nouveau sens.

Aussi peut-on l'appeler « le tendre Racine ». Nul plus que lui n'a fait parler aux amants un langage délicat comme une caresse et insinuant comme une musique. Mélancolique ou triomphant, il l'a revêtu d'un charme d'expression que rien n'égale. Hommes ou femmes, ses amants rivalisent d'adoration ou de dévouement. Le chevaleresque Xipharès parle à Monime de la naissance de son amour comme d'une initiation, et son aveu respire une fraîcheur d'aurore. La noble Junie aime dans Britannicus jusqu'à son infortune et veut que son amour lui soit comme une revanche de la destinée :

Britannicus est seul. Quelque ennui qui le presse,
Il ne voit dans son sort que moi qui s'intéresse,
Et n'a pour tout plaisir, Seigneur, que quelques pleurs
Qui lui font quelquefois oublier ses malheurs.

Jamais l'infinie tristesse des séparations définitives ne s'est exprimée de manière plus déchirante et plus délicieuse que dans la plainte de Bérénice :

Pour jamais! Ah! Seigneur, songez-vous en vous-même
Combien ce mot cruel est affreux quand on aime?
Dans un mois, dans un an, comment souffrirons-nous,
Seigneur, que tant de mers me séparent de vous?
Que le jour recommence et que le jour finisse,
Sans que jamais Titus puisse voir Bérénice,
Sans que de tout le jour je puisse voir Titus.

Dans toutes les littératures, l'amour le plus sincère et la galanterie la plus ingénieuse ne vont pas sans convention et sans fadeur. L'amour et la galanterie du XVIIe siècle avaient donc leur jargon et leurs lieux communs. Les lieux communs, c'étaient la souveraineté de l'amour et l'obligation de la tendresse; le jargon, c'était l'exagération des métaphores : tout amant brûlait, gelait, pleurait, mourait. Le type de ce genre déplorable est dans le théâtre de Quinault,

Où, jusqu'à je vous hais, tout se dit tendrement.

Racine débutait au moment où Quinault abandonnait la tragédie pour l'opéra. Il empruntait à son prédécesseur une part de sa défroque galante, pour se mettre à la mode, dans un genre où la mode est souveraine. Lui aussi abuse des soupirs, des pleurs, des protestations, des serments, des phrases toutes faites. Ses amants parlent trop souvent de mourir, et, quoique l'on fît alors le sacrifice de la vie, la sienne et celle des autres, avec moins de façon qu'aujourd'hui, il y a vraiment quelque excès dans les surenchères de suicide auxquelles ils se livrent.

Mais, comme on aurait tort avec Racine de juger

le fond des sentiments sur cette phraséologie de surface! Loin de regarder l'amour comme un motif d'idylle ou un passe-temps mondain, il y voit le plus invincible des sentiments, une puissance fatale qui se joue de la volonté, de l'honneur et de la vie. Cet amour est celui que Sophocle invoque avec terreur, dans le chœur d'*Antigone* : Ἔρως, ἀνίκατε μάχαν....

Amour, toi qu'on ne peut vaincre, Amour, toi qui tombes sur les puissants..... nul ne saurait t'échapper, qu'il soit né parmi les immortels ou parmi les hommes, et celui qui te possède devient furieux... Aphrodite, l'invincible déesse, se rit de tout.

Nul n'a peint de couleurs plus hardies, plus réalistes, comme nous dirions aujourd'hui, cet amour fécond en catastrophes. Racine surpasse Sapho et Théocrite peignant la fureur du désir; il égale Lucrèce chantant Vénus comme la force suprême de la nature, Catulle, Tibulle et Properce exhalant leur plainte personnelle ou les douleurs d'Ariane et de Sulpicia, Virgile créant la douloureuse Didon. L'amour physique, tel que l'éprouve Phèdre, est effrayant. Racine a vu que la férocité naît de l'amour dès qu'il va jusqu'au bout de son égoïsme. Il n'y a pas, sur la limite incertaine qui sépare la haine et l'amour, de révélation plus éloquente que le rôle d'Hermione, dont chaque vers projette un éclair jusqu'au fond de l'âme en proie à la passion.

Racine sait si bien que la loi de souffrance est inséparable de l'amour qu'il ne le montre guère heureux qu'à ses débuts. Deux fois seulement, dans *Mithridate* et *Iphigénie*, il réunit les amants à la fin de la pièce. C'est que, dans *Mithridate*, l'amour était suffisamment châtié par la mort du héros. Dans

Iphigénie, le dénouement, modifié par pitié pour l'innocence de la jeune fille, imposait au poète de la donner à Achille. Quant à ses autres pièces, elles montrent la mort, la folie, la séparation et le suicide comme la conséquence de l'amour.

Aussi Racine excelle-t-il dans la peinture de l'amour malheureux. Le romantisme, avec ses Antonys et ses Didiers, n'a pas un héros aussi profondément et, surtout, aussi sincèrement malheureux qu'Oreste; il n'a pas une héroïne qui soutienne la comparaison avec Phèdre et Roxane. La pire douleur que puisse causer l'amour est la jalousie. Racine a donné la première place à la jalousie dans quatre des sept pièces où il a peint l'amour. Les cris de rage poussés par Roxane et Phèdre n'ont pas d'égaux pour l'intensité et la vérité. Roxane, c'est la jalousie à qui l'image poignante de la trahison donne la soif du sang :

Dans ma juste fureur observant le perfide,
Je saurai le surprendre avec son Atalide
Et, d'un même poignard les unissant tous deux,
Les percer l'un et l'autre, et moi-même après eux.

Phèdre, c'est la jalousie qui, par une certitude soudaine, reconstitue d'un coup d'œil ce qu'elle craint et compare le bonheur d'autrui à l'excès de son malheur :

Ils s'aiment! par quel charme ont-ils trompé mes yeux?
Comment se sont-ils vus? Depuis quand? Dans quels lieux?
. . . .
Les a-t-on vus souvent se parler, se chercher?
Dans le fond des forêts alloient-ils se cacher?
. . . .
Tous les jours se levoient clairs et sereins pour eux.

Comme tout ce qui est original, cette vérité et cette force avaient pour résultat de surprendre et de choquer leurs premiers spectateurs. M. Brunetière a montré cet effet dans une page vigoureuse qui répond à celle où Taine voit surtout dans Racine le peintre de la coquetterie et de la pudeur féminines : « Racine, dit-il, a enfoncé si avant dans la peinture de ce que les passions de l'amour ont de plus tragique et de plus sanglant qu'il en a non seulement effarouché, mais littéralement révolté la délicatesse aristocratique de son siècle. » Les deux pages subsistent, car il y a dans Racine l'amour réservé et l'amour effréné, Junie et Monime, Roxane et Phèdre. Mais, de ces deux sortes d'amour, c'est la passion douloureuse et meurtrière que le poète a représentée avec prédilection.

En faisant de l'amour le ressort constant de sa tragédie, Racine s'imposait la nécessité d'en varier singulièrement la peinture, sous peine de se condamner à la monotonie. Il trouve la variété dans les différences de sexe, d'âge, de condition, de caractère, de situation, dans le degré et le moment. Au point de vue de la conception et de la marche de ses pièces, il évite la monotonie en mêlant l'amour à d'autres passions qui le traversent et le combattent. L'amour de Pyrrhus se heurte à la fidélité conjugale, celui de Bérénice à la raison d'État. Il arrive que d'autres sentiments, sans être en lutte directe avec lui, le relèguent au second plan : ainsi l'ambition dans *Britannicus* et dans *Iphigénie*. Mais, s'il est secondaire, il n'est pas sacrifié ; il a toujours son importance propre.

Surtout, il ne diminue jamais la grandeur des caractères et des situations. Au contraire, il rend ceux-là plus humains et celles-ci plus poignantes. Lorsque Mithridate rassemble les débris de sa puissance pour une lutte suprême, l'amour et la jalousie ne le rendent pas ridicules. Au contraire, ses tourments d'amoureux et ses angoisses de roi s'exaspèrent les uns par les autres. *Mithridate* était une des pièces sur lesquelles, dans le jugement que l'on a vu plus haut, Napoléon Ier s'appuyait pour blâmer « l'éternel amour » répandu sur les pièces de Racine. Il n'aurait eu, cependant, qu'à se souvenir pour se voir lui-même, et plusieurs fois, dans des situations analogues à celles de Mithridate. En Italie, pendant sa première campagne, jeune mari de Joséphine, il l'accablait, entre deux batailles, de lettres brûlantes. La nouvelle de sa trahison fut un des motifs qui lui firent quitter l'Égypte. A l'île d'Elbe, parmi les griefs qui le déterminèrent à tenter une dernière fois la fortune, étaient ceux de l'époux et du père. Il disait, la voix tremblante d'émotion : « Ma femme ne m'écrit plus. Mon fils m'est enlevé comme jadis les enfants des vaincus pour orner le triomphe des vainqueurs. On ne peut citer dans les temps modernes l'exemple d'une pareille barbarie. » La grandeur de Napoléon n'aurait rien perdu à ce qu'un Racine, s'emparant de ces paroles, les revêtit de sa poésie.

CHAPITRE III

LES CARACTÈRES.

Sur les neuf tragédies de Racine, — la *Thébaïde* et *Alexandre* laissés de côté, — six ont pour titres des noms de femmes, et, des trois autres, deux pourraient aussi justement s'appeler *Agrippine* et *Roxane* que *Britannicus* et *Bajazet.* C'est dire la place prépondérante que les femmes occupent dans ce théâtre. S'il est excessif d'avancer que Corneille n'a pas connu les femmes et que les siennes « sont des hommes », — car rien ne dépasse, comme vérité et énergie, le caractère de Camille, — il est certain que Racine les a étudiées avec une attention plus pénétrante et, surtout, leur a donné des caractères plus complexes. Dans Corneille, les femmes peuvent jouer un grand rôle, et même, comme dans le *Cid*, leur mariage peut être le sujet de la pièce; les sentiments qu'elles éprouvent n'en sont pas moins subordonnés à d'autres, l'honneur, le patriotisme, la clémence, la foi. Dans Racine, au contraire, il arrive souvent que la pièce n'a pas d'autre objet qu'elles, et que les posséder ou les perdre est le seul motif de l'action ; ainsi *Andromaque*, *Bérénice*, *Bajazet*. Dans *Phèdre*, il n'y a, pour ainsi dire, qu'un rôle, celui de Phèdre, car, même absente, elle règle encore la scène. Dans *Britannicus*, *Mithridate* et *Iphigénie*, si les femmes sont reléguées au second plan, leur place est encore considérable, non seulement avec Junie, Monime et Iphigénie, mais encore avec Agrippine et Clytemnestre.

A l'exception de ces deux dernières, toutes ces femmes ne nous demandent notre intérêt que comme amantes. Mais toutes, même les deux dernières, ont une passion, toutes sont dominées par un sentiment plus instinctif que raisonné, l'orgueil chez Agrippine, l'amour maternel chez Clytemnestre. Ainsi Racine, préoccupé surtout de peindre les femmes, a eu de leur nature cette première notion, indispensable pour les peindre vraies, que le sentiment, chez elles, domine la raison, et que tous leurs actes, toutes leurs pensées, sont provoqués, dominés, conduits par une passion.

Lorsque, renonçant au théâtre profane et à la peinture de l'amour, il s'est attaqué à deux sujets sacrés, ce sont encore des femmes, Esther et Athalie, qu'il a choisies comme protagonistes. Cette fois, l'intérêt suprême des deux pièces étant un intérêt religieux, il semble que les femmes auraient dû passer au second plan. Mais la religion est un sentiment ; aussi les femmes sont-elles plus religieuses que les hommes. La religion doit compter avec elles, et le christianisme, qui les regarde pourtant comme le plus grand danger de l'homme, s'appuie sur elles en les dominant. Aussi Racine a-t-il pu, cette fois encore, se servir comme ressorts principaux de sentiments féminins, le dévouement à la race chez Esther, le besoin de domination chez Athalie.

De tous ces sentiments, l'amour est le plus important chez les femmes ; aussi les amoureuses sont-elles les plus nombreuses dans le théâtre de Racine, et, au premier rang, les passionnées, celles qui n'ont d'autre but que de conquérir ou de garder un amant: Hermione, Bérénice, Roxane, Phèdre. Pour elles, l'amour n'est pas le rêve pudique et le désir chaste, mais la possession complète d'un cœur et d'un corps.

Racine unissait beaucoup de délicatesse au penchant vers l'amour, et son temps, après les hardiesses de la première moitié du siècle, observait au théâtre une réserve scrupuleuse à l'égard des situations risquées. Aussi, deux de ces caractères, ceux d'Hermione et de Bérénice, conservent-ils, en apparence, beaucoup de retenue: Hermione n'est qu'une fiancée, et Racine imagine une Bérénice « qui n'a pas avec Titus les derniers engagements ». C'est pour le même motif que, dans le *Misanthrope*, Molière n'engageait Célimène que par correspondance. Mais, au fond, la situation de Célimène envers Alceste est celle qu'Alexandre Dumas fils a poussée jusqu'au bout dans le *Demi-Monde*. En observant une réserve du même genre, plus nécessaire encore dans la tragédie que dans la comédie, Racine a voulu mettre en scène deux femmes, non deux jeunes filles. Seules, les femmes qui se sont créé des droits par le don d'elles-mêmes peuvent mettre dans la défense de ces droits l'âpreté ou la confiance d'Hermione et de Bérénice. Telle est bien la portée des deux rôles; leur conduite l'indique, et, surtout dans celui d'Hermione, nombre de vers la précisent. Le désespoir d'Oreste n'est aussi violent que parce qu'il sait, lui aussi, à quoi s'en tenir. Quant à Titus, il habite avec Bérénice depuis cinq ans.

Hermione et Bérénice ont encore ceci de commun qu'elles ne vivent que pour leur amour, que, sans lui, elles n'attachent de prix à rien et que, pour lui, elles sont prêtes à tout sacrifier. La première, princesse royale, ne se souvient de son rang que pour rappeler à Pyrrhus les obligations que ce rang lui crée envers elle; elle l'a oublié tant qu'elle s'est crue sûre du cœur de Pyrrhus ou qu'elle a espéré le ramener. Lorsque, à bout d'espoir, elle commande à Oreste de tuer l'infidèle, pas un moment l'idée de ce qu'un tel crime a d'effroyable, de ses conséquences pour elle, sa famille et son pays, n'intervient dans sa délibération morale. Elle ne songe qu'à sa passion. Bérénice, la juive, est parfaitement désintéressée de tout ce qui n'est pas le cœur de Titus. Son amant dit de cette parfaite amante :

Elle passe ses jours, Paulin, sans rien prétendre
Que quelque heure à me voir et le reste à m'attendre.

Elle-même, à l'annonce des largesses de Titus, lui répond :

Depuis quand croyez-vous que ma grandeur me touche?
Un soupir, un regard, un mot de votre bouche,
Voilà l'ambition d'un cœur comme le mien.
Voyez-moi plus souvent et ne me donnez rien.

La différence des sentiments, partant leur variété, ne vient pas des situations; elle est dans les caractères. Hermione est violente et énergique, Bérénice douce et résignée. De là leur conduite différente : Hermione tue, Bérénice part. Au demeurant, ces deux femmes ont engagé leur destinée dans leur amour, et, cet amour brisé, elles n'ont plus, l'une qu'à mourir, l'autre qu'à disparaître.

Roxane et Phèdre portent dans l'amour le même besoin d'absolu qu'Hermione et Bérénice. Elles aussi sacrifient tout à leur passion et ne survivront pas à sa ruine. Mais Roxane ressemble à Hermione, en ce que, privée de conscience par l'amour, elle n'est retenue par rien. Phèdre est aussi tragique et révoltée que Bérénice est élégiaque et vite résignée; elle ressemble à Bérénice et se distingue d'Hermione comme de Roxane, parce que sa conscience, pleine du remords chrétien, lutte contre sa passion.

Au demeurant, chez Phèdre et chez Roxane, l'amour et le désir parlent avec la même énergie et la même vérité; amour et désir despotiques chez Roxane, suppliants chez Phèdre. Il faut bien, pour établir que de tels exemples de passion et de volonté sont uniques de plénitude et de hardiesse, en revenir à cette constatation que, ni dans la littérature française, ni dans aucune autre, on ne trouve rien de comparable à ce cri :

Viens m'engager ta foi : le temps fera le reste.

La déclaration de Phèdre et le message dont elle charge Œnone sont les plus redoutables gageures qu'un poète dramatique ait gagnées. Comme aussi la précision et l'énergie des termes n'ont d'équivalents que dans la littérature française de ces dernières années; mais, dans Racine, ces termes sont toujours dignes de la poésie, mesurés dans leur hardiesse et chastes dans leur ardeur, tandis que, chez beaucoup de nos contemporains, ils sont devenus hideux.

Hermione et Bérénice, Roxane et Phèdre sont les grandes amoureuses de Racine, de même famille, mais si individuelles que chacune est un caractère non seulement original, mais unique. Autour d'elles se groupent Junie et Iphigénie, qui incarnent l'amour ingénu; Monime et Aricie l'amour pudique, Atalide l'amour dévoué, Ériphyle l'amour envieux. Chacune de ces jeunes filles est marquée de traits aussi individuels par son caractère et sa condition, que les femmes de tout à l'heure par la nature différente de leurs sentiments. Junie est liée à Britannicus par la communauté du malheur et du danger. Iphigénie, avant d'être amante, est fille de sang royal, et le sentiment de son rang lui donne le courage de renoncer à la vie et à l'amour. Monime, épouse désignée d'un roi et Grecque exilée chez les barbares, a la double dignité de son rang et de sa race. Elle se défend, se refuse, se promet avec une adresse, une franchise et une réserve qui font de tout son rôle un chef-d'œuvre de vérité et de tact. Aricie n'est la « triste Aricie » que dans les dernières paroles d'Hippolyte mourant. Son caractère ferme et fin, sa clairvoyance et sa prudence n'ont rien d'élégiaque. Cette jeune personne est franche et droite, mais fort avisée. A Hippolyte lui offrant son cœur, sa main et son trône, elle répond :

> J'accepte tous les dons que vous me voulez faire.
> Mais cet empire enfin, si grand, si glorieux,
> N'est pas de vos présents le plus cher à mes yeux.

Et lorsque Hippolyte lui propose de fuir avec lui, elle tient à prendre la précaution nécessaire :

> Dans quels ravissements à votre sort liée,
> Du reste des humains je vivrois oubliée!
> Mais n'étant point unis par un lien si doux,
> Me puis-je avec honneur dérober avec vous?

Atalide n'a qu'un rôle effacé devant la formidable Roxane, et, obligée de mentir, elle se trouve dans une situation fausse. Elle sauve celle-ci, dans la mesure du possible, par la sincérité de son dévouement à Bajazet. Elle n'a guère qu'une scène où, perdue et résignée, elle fait le sacrifice d'elle-même, ne songe plus qu'à son amant et dit tout ce qui pourrait attendrir une autre que Roxane.

Ériphyle est à part dans cette galerie. Ame flétrie par le malheur, princesse esclave, amante dédaignée, amie envieuse, elle a les vices de la souffrance et la servitude; elle est ingrate, perfide et menteuse. Elle voit Iphigénie en possession d'un rang qui a été le sien et fiancée à l'homme qu'elle-même adore, couvert du sang de sa race. Cette âme douloureuse excite à elle seule tous les sentiments tragiques, pitié par ce qu'elle souffre, admiration par sa vérité complexe, terreur par ce dont elle est capable.

Ces femmes si diverses ont en commun les sentiments de leur sexe et de leur condition, ceux qui viennent de leur temps et de leur pays. Elles sont fières de leur beauté, et, avec plus ou moins de franchise et de hauteur, toutes pourraient dire comme Hermione :

> Jugez-vous que ma vue inspire des mépris,
> Qu'elle allume en un cœur des feux si peu durables?

Elle savent le prix de leur cœur et quel honneur c'est pour un homme d'être distingué par elles. L'habitude constante de recevoir des hommages et d'entendre des prières leur a appris l'art d'écouter et de répondre, d'encourager et de décourager, de se défendre, de conserver la dignité extérieure, — nobles attitudes et fier langage, — jusque dans l'abandon furieux ou désespéré d'une Roxane ou d'une Phèdre, jusque dans l'humiliation de la femme qui s'offre et que l'on refuse, la pire que toutes les femmes, et surtout de telles femmes, puissent éprouver. Monime est le parfait modèle de cette dignité féminine, de cette grâce décente et fine. Toutes sont infiniment aimables, mais les plus réservées sont aussi les plus séduisantes. Ce qui reste, dans ces natures, d'enveloppé et de discret, jusque dans le don d'elles-mêmes, jusque dans la complète franchise et l'absolu dévouement, fait songer à ces statues grecques où la draperie, légère et chaste, laisse admirer la pure beauté des lignes voilées.

Par ce langage et par cet aspect, les femmes de Racine justifient la définition commune sous laquelle Taine les a groupées : « Racine, dit-il, est le plus grand peintre de la délicatesse et du dévouement féminin, de l'orgueil et de la dextérité aristocratiques ; partout de fins mouvements de pudeur blessée, de petits traits de fierté modeste, des aveux dissimulés, des insinuations, des fuites, des ménagements, des nuances de coquetterie, puis des effusions et des générosités touchantes. » Mais cette définition n'est juste qu'à la condition de rappeler, avec M. Brunetière, que ces dehors de délicate politesse revêtent les passions les plus violentes et les résolutions les plus hardies.

Andromaque et Esther, une veuve et une épouse, représentent encore l'amour, mais sans égoïsme, l'amour qui se propose une autre fin que lui-même et s'affirme par l'abnégation personnelle. Toutes deux sont aussi femmes que les plus avisées ; elles font servir les armes naturelles de la femme, beauté et finesse, l'une à défendre son mari mort et son fils vivant, l'autre sa race menacée. Nisard a caractérisé avec bonheur le caractère et le rôle d'Andromaque, en parlant de sa « coquetterie vertueuse ». Andromaque repousse et ramène Pyrrhus avec l'attention la plus sûre à ne s'engager que dans la juste mesure où elle pourra sauvegarder sa dignité. Mais chaque vers du rôle indique clairement qu'elle sait son prix et son pouvoir.

Avec Esther, Racine a montré non seulement la femme, mais la juive qui se souvient toujours de sa race et de sa famille, ne se donne jamais tout entière, et met, dans l'occasion, ce qu'elle retient d'elle-même au service de son sang et de sa foi, toujours fille d'Israël dans le mariage, — surtout avec un autre qu'un juif, — dans la fortune et dans le pouvoir. Sa famille a calculé le prix de sa beauté.

Elle s'est prêtée docilement à ce calcul, et Mardochée n'a qu'à lui rappeler les grands desseins qui reposent sur elle pour qu'elle risque son rang et sa vie au profit d'Israël. Lorsque le ton du XVIIe siècle risque d'abuser sur la vérité locale de la psychologie féminine dans Racine, il n'y a qu'à se rappeler un caractère comme celui d'Esther pour rendre justice à l'attention avec laquelle le poète observait la différence des races et des pays. Roxane offrait déjà cette preuve. Elle est encore plus frappante dans Esther. Mais, par une loi constante de mesure, Racine voile et enveloppe ce que d'autres étaleraient.

J'ai dit pourquoi les amoureuses sont presque toujours au premier plan dans la tragédie de Racine. Dès que la nature du sujet, sa largeur ou sa complexité le permettent, il en profite pour y introduire des figures de femmes qui ont renoncé à l'amour, mais qui appliquent à d'autres objets la même ardeur passionnée qu'une Hermione ou une Roxane. Le trait commun de ces femmes, Agrippine, Clytemnestre, Athalie, c'est encore qu'elles sentent plus qu'elles ne raisonnent. Si énergiques ou si habiles qu'elles soient, elles sont à la merci de leur sensibilité.

Agrippine veut conserver son pouvoir sur Néron, Clytemnestre veut sauver sa fille, Athalie veut abattre une famille rivale de la sienne. Mais l'orgueil, l'instinct, la violence les poussent d'une impulsion irrésistible sur laquelle raison, prudence, avis ne peuvent rien. Ce que Tacite dit d'Agrippine, l'impuissance de la femme à gouverner sa sensibilité, *impotentia muliebris*, est aussi vrai de Clytemnestre et d'Athalie. Au moment où Agrippine aurait besoin de dissimuler et de se concilier Burrhus, elle éclate et l'écrase de son mépris. Lorsque, après une longue attente, elle obtient enfin avec son fils une explication décisive, elle l'humilie dès les premiers mots.

Clytemnestre a observé longtemps la dignité et l'obéissance que lui imposaient son titre de reine et de femme d'Agamemnon. Lorsqu'elle se voit arracher sa fille, l'instinct maternel l'emporte. Elle la défend comme une bête défend son petit; elle pousse des cris déchirants. Malgré l'élégance et la mesure racinienne, la Sachette de Victor Hugo, dans *Notre-Dame de Paris*, n'est pas plus voisine de la nature primitive que la femme du roi des rois.

Athalie est aussi orgueilleuse qu'Agrippine et aussi violente que Clytemnestre. Arrivée au pouvoir par le crime, comme la première, elle poursuit l'extermination de l'enfant qui l'inquiète et veut briser la résistance du prêtre qui le soutient. Elle déteste Joas comme Clytemnestre aime Iphigénie; elle traite Joad et Josabeth comme Agrippine traite Néron et Burrhus. Elle concentre la violence de sensibilité que Racine a répandue sur ses effrayantes héroïnes. Plus qu'elles encore, elle est la proie et la victime de la passion. Le poète, qui a montré dans sa dernière pièce la suprême puissance de son génie, a ramassé, dans ce caractère de femme, toute sa connaissance de la nature féminine. Mais, tandis que, dans les autres pièces, la volonté qui d'en haut mène les hommes se montre seulement par l'âme religieuse du poète, dans *Athalie* ce Dieu est partout, « invisible et présent ». C'est lui qui pousse Athalie vers l'abîme et se révèle comme celui dont la volonté mystérieuse a formé ces créatures de passion et de souffrance, d'inconscience et d'orgueil.

A égale distance des amantes et des ambitieuses, aussi noble qu'Andromaque dans un rôle plus effacé, figure d'une rare originalité dans le groupe des épouses et des mères, la douce Josabeth étend le sentiment maternel sur un enfant qu'elle n'a point porté et l'épure ainsi de tout égoïsme. Avec cela, courageuse et habile dans sa tendresse inquiète, elle est la digne compagne d'un prêtre comme Joad; elle oppose sa grâce touchante à la majesté terrible d'un tel époux.

Avec une telle place donnée aux femmes, le rôle des hommes est souvent secondaire. Il n'y a pas une pièce de Racine, de la première, *Andromaque*, où se trouve Oreste, jusqu'à la dernière, *Athalie*, où se trouve Joad, qui ne montre les femmes au moins égales aux hommes par l'importance que leur prête le poète et l'intérêt qu'elles obtiennent des spectateurs. Si les hommes sont amoureux, surtout s'ils sont aimés, il passent au second plan. Par eux-mêmes, ils dénotent un don de vérité et de création égal à celui dont Racine a fait preuve dans ses caractères de femmes; mais, par la nature même des passions en jeu et des situations qu'elles provoquent, la comparaison est toujours redoutable, parfois écrasante pour eux.

Comme les femmes, ils ont leurs caractères généraux, qu'ils reçoivent du temps où vivait Racine et du tour d'esprit particulier au poète. Ils sont galants, respectueux, bien disants, respectueux observateurs des convenances, en un mot « courtisans français », comme disait Voltaire. Trop souvent le vernis uniforme de la politesse contemporaine revêt leurs déclarations et leurs hommages; l'expression de leur joie ou de leur plainte. Ils adorent les femmes selon le code des salons et de la cour. Le savoir-vivre leur impose trop de saluts, de révérences, de baisemains, d'airs agenouillés. Si violente que soit leur passion, elle observe les convenances extérieures. Par cela même, leurs manières ont beaucoup d'uniformité.

Mais ce ne sont là que des apparences. De même que chez les femmes, l'énergie individuelle, la différence des conditions, la nature des sentiments dominent en eux. Pas plus qu'aux femmes, il ne faut leur demander de n'être pas de leur temps, mais, cette transposition admise, ils disent et font ce qu'ils doivent faire, toujours avec justesse, souvent avec force.

Britannicus défend sa fiancée contre Néron avec une fierté de prince du sang, une ardeur d'amoureux, un courage de jeune homme. La scène où il brave son effrayant rival est singulièrement vibrante, et on ne peut vraiment partager l'avis de Boileau, qui le trouvait « petit » devant lui. Achille n'a plus la férocité mythologique, la grandeur sauvage et la simplicité primitive qui, dans l'*Iliade*, caractérisent le fils de Thétys, l'ami de Patrocle, le maître de Briséis, l'ennemi d'Agamemnon et le vainqueur d'Hector. Racine ne songeait pas à reproduire tous ces traits; mais il en a conservé le principal en montrant Achille « bouillant ». Si même il atténue Euripide, il donne à l'amant d'Iphigénie une générosité de sentiments, une fierté de langage et un accent dans la menace qui atteignent tout ce que les contemporains pouvaient admettre dans une querelle entre un prince et un roi.

Hippolyte, lui, ne ressemble plus du tout au modèle d'Euripide. Dans l'état des croyances, des mœurs et du goût, le mystique adorateur de Diane et le chasseur fidèle au vœu de chasteté n'auraient pas été compris. C'est ce que Racine faisait entendre lorsqu'il répondait au reproche d'en avoir fait un amoureux : « Qu'auraient dit nos petits maîtres? » Outre qu'il avait besoin de cet amour pour provoquer la jalousie de Phèdre, il offrait à un public poli et chrétien ce qu'il pouvait comprendre et sentir. Pour rester dans la donnée d'Euripide, il aurait dû faire d'Hippolyte un jeune moine ou un chevalier de Malte, c'est-à-dire tout autre chose qu'un prince de tragédie. La transposition admise, il devait créer un personnage différent de celui d'Euripide. C'est ce qu'il a fait, et son héros vaut le héros grec. Les deux scènes avec Phèdre et avec Thésée, la seconde surtout, remplacent la simplicité grecque par des qualités d'un prix égal.

Lorsque ces amoureux se trouvent dans des situations sacrifiées, ou même fausses, comme Titus et Bajazet, des accents de tendresse douloureuse et de fière indignation finissent toujours par les relever. On pardonne beaucoup à Titus pour la peinture qu'il fait de Bérénice. Bajazet surtout est d'une belle allure, par son mépris de la mort, lorsqu'il a perdu la partie engagée avec Roxane.

Si noble et si triste dans le plus pénible des rôles, celui d'amant auquel on offre l'amitié au lieu de l'amour et qui reçoit des confidences, Antiochus incarne avec une dignité parfaite une sorte de personnage, très commun dans la vie, où son attitude est si difficile, que le théâtre l'a rarement abordé avec bonheur.

L'infériorité de ces personnages, dans les pièces ou les scènes qui laissent le premier plan aux femmes, vient de l'inégalité de sentiments qui existe entre elles et eux. L'amour des femmes, étant plus fort ou plus tendre, leur procure naturellement cette supériorité. Les hommes reprennent l'avantage lorsqu'ils ne sont pas aimés, car alors leur douleur égale l'énergie de l'amour féminin. Ajoutée à ce que leur caractère ou leur condition, leurs vertus ou leurs vices, leur procurent par ailleurs de relief, ils occupent la scène avec une puissance supérieure d'intérêt et d'émotion. Oreste, victime du destin et si justement triste, élève au suprême degré la faculté de souffrir. Pyrrhus, qu'Andromaque pourrait aimer dignement si elle n'était pas défendue par des sentiments plus forts que l'amour, Pyrrhus, si ardent et si généreux, malgré la férocité qui lui vient du sujet, a des révoltes et des soumissions, des colères et des supplications d'une vérité toujours jeune.

Mais l'amour dédaigné a permis à Racine de tracer deux figures incomparables, celles de Néron et de Mithridate. Néron n'est pas seulement le tyran qui s'exerce au crime, c'est aussi le monstre en qui l'amour éveille la férocité. Il y a une force de vérité qui dépasse singulièrement la portée habituelle du théâtre dans tout le rôle où se trouve ce vers :

> J'aimois jusqu'à ces pleurs que je faisois couler.

Quant aux personnages qui ne s'occupent de l'amour que pour combattre l'obstacle qu'il oppose à leurs desseins, comme Agamemnon, pour écarter le danger qu'ils voient en lui, comme Burrhus, pour s'en servir en le méprisant, comme Acomat, le poète, libre de concentrer sur eux l'énergie et la vérité que l'amour n'absorbait plus, les a marqués avec une justesse singulière. Agamemnon, c'est le roi et l'ambitieux chez qui les devoirs de la puissance et la passion du commandement, en lutte avec les sentiments de famille, provoquent un combat déchirant. Burrhus, c'est le ministre honnête homme, plus franc qu'habile, incapable par ses qualités mêmes de s'interposer utilement entre une Agrippine et un Néron. Acomat, c'est le politique sans scrupule, se servant des passions comme de facteurs dans la partie qu'il veut gagner. Abner, c'est le général de capacité purement militaire, né pour servir avec un égal dévouement tous les régimes, mais attaché de cœur aux vieux partis et, s'il est incapable de provoquer une révolte en leur faveur, tout prêt à continuer son métier et sa carrière après une révolution qu'il aurait combattue, s'il en avait reçu l'ordre.

Ces figures, fortes ou fines, sont dominées d'une hauteur écrasante par le grand prêtre Joad, car il incarne non seulement la plus forte des puissances qui mènent les hommes, la religion, mais Dieu même. C'est à Dieu qu'il doit son énergie, sa volonté, son intelligence, sa fermeté de vues, son courage. Il élève ces vertus humaines à un degré surhumain, à la hauteur de Dieu. Il est le type du prêtre politique ; il veut le pouvoir pour l'exercer au nom de Dieu ; il est la théocratie, telle que l'ont réalisée ou rêvée toutes les religions puissantes. Il engage un duel à mort avec ce que l'on appellerait aujourd'hui le pouvoir civil. Il y porte l'âpreté juive et la grandeur biblique. Il prophétise avec une colère tonnante ; il maudit le schisme en la personne de Mathan, le mauvais prêtre ; il l'écrasera sans pitié, dès qu'il aura pour instrument un roi choisi de sa main.

Les confidents sont les personnages presque toujours sacrifiés et le plus souvent ridicules de la tragédie classique. Ils ne sont là que pour donner la réplique et éviter le monologue. Sans intérêt personnel dans l'action, domestiques ou « menins », ils n'ont d'autre attitude que le respect et la soumission, d'autre rôle que d'écouter et, parfois, de conseiller. L'art de Racine et son souci de la vérité sont parvenus quelquefois à leur prêter un caractère. Pylade est une noble figure d'ami. Il s'efface par affection, mais on sent que, le jour où il devrait agir pour lui-même, il serait à la hauteur d'un grand rôle. Dans Narcisse, Racine a peint avec une vérité effrayante le scélérat de cour, le Iago tragique. Il a éclairé d'une lumière hardie les replis de cette âme tortueuse. Moitié observation, moitié divination, il a étalé sur la scène tout ce que l'égoïsme et l'ambition, joints à la méchanceté et à la servilité, peuvent produire chez les familiers des rois.

Enfin, comme s'il tenait à donner vraiment une raison d'être aux confidents, il leur confie souvent ce récit final, le récit du « messager », que la tragédie française avait emprunté à la tragédie grecque. Lorsque, l'action finie, il faut conclure et remplacer l'émotion épuisée ou escomptée par le plaisir d'art, sans autre but que lui-même, Théramène paraît et raconte longuement. Par sa bouche, le poète fait valoir le meilleur de son talent descriptif et offre au spectateur, avant de le renvoyer, un exemple de sa virtuosité. Une telle convention offre des avantages et des inconvénients. Ceux-ci, Racine les a le plus souvent évités ; parfois aussi il a trop sacrifié à la rhétorique, comme dans le récit de *Phèdre*, chef-d'œuvre et condamnation du genre.

CHAPITRE IV

LE STYLE ET LA POÉSIE DE RACINE.

C'est encore d'un rapprochement avec Corneille que doit partir une étude sur le style et la poésie de Racine, si l'on veut mesurer l'originalité de ceux-ci. Pour la forme comme pour le fond, le travail accompli par Corneille sur la tragédie imposait à son successeur l'obligation de prendre la tragédie cornélienne pour point de départ. De cette imitation initiale, une part disparaîtra du style racinien ; l'autre y restera.

La part qui restera est ce que l'on pourrait appeler le moule tragique, c'est-à-dire, avec l'élimination de l'élément comique, la forme du vers, l'alexandrin coupé à l'hémistiche, les rimes plates, la succession des distiques, la conduite du dialogue, le ton, l'allure. Et cela, non pas seulement chez Racine, mais chez tous les tragiques français, jusqu'au moment où sera jouée la dernière tragédie. Bien plus, une part, considérable encore, de cette forme passera dans le drame romantique. Aujourd'hui, l'écho de la tragédie cornélienne vibre toujours, à travers le souvenir de Victor Hugo, dans les drames de MM. Henri de Bornier, François Coppée et Jean Richepin.

Outre cet héritage inévitable, Racine commence, dans la *Thébaïde* et *Alexandre*, par imiter volontairement son devancier. Il lui prend le ton raisonneur et la dialectique oratoire, ses apostrophes et ses prosopopées, les suites de répliques en deux vers, en un seul vers ou même en un demi-vers, qui procurent au dialogue une marche si rapide et si pressante, les formules énergiques, les sentences et le procédé qui consiste à isoler dans un seul vers un sens plein et concis qui frappe fortement l'esprit. A tout cela Racine renoncera vite. Il ne retiendra guère que le dialogue coupé, pour de rares scènes de son théâtre, par exemple lorsqu'il met aux prises Néron et Britannicus.

Mais la différence de nature est profonde entre Corneille et Racine. D'autre part, le style, c'est-à-dire le caractère particulier que chaque écrivain imprime à la langue commune, est ce qu'il y a de plus personnel chez tout écrivain. Aussi, dès *Andromaque*, Racine crée-t-il son style, en prenant conscience de lui-même par l'exercice de sa faculté maîtresse, qui est la sensibilité, comme la raison est celle de Corneille. De là, chez Racine, un style plus poétique, tandis que celui de Corneille est plutôt oratoire, car la poésie est l'expression naturelle du sentiment qui veut se communiquer, de même que l'éloquence est celle de la raison qui veut convaincre.

Corneille représente la génération qui précède celle de Racine. Or, de 1636 à 1667, la langue est devenue moins archaïque et plus aisée. Celle de Racine est plus pure et moins riche que celle de Corneille. Racine fait rendre au vers une musique harmonieuse que ne permettaient pas les éclats sonores de Corneille. Il procède en tout par gradations, il est beaucoup plus égal que son devancier. Si, comme le disait Marivaux, « le style a un sexe », celui de Corneille serait plus mâle, celui de Racine plus féminin. Sous la réserve que l'on a vue plus haut, les femmes de Corneille, si elles sont bien femmes, parlent souvent comme des hommes; outre que les hommes de Racine montrent quelquefois une délicatesse, une finesse et une douceur féminines, Racine, qui donne la première place à la femme, excelle à la faire parler.

Depuis que le théâtre s'était séparé du peuple pour s'adresser à la société polie, la tragédie s'écartait de plus en plus du style familier. Elle tendait au style noble, langage naturel des personnages qu'elle mettait en scène. La grandeur est dans le génie de Racine comme dans celui de Corneille, mais plus fière chez Corneille, plus noble chez Racine. Celui-ci ne peut donc qu'abonder dans le sens où se dirige la tragédie. Il reçoit le style noble à peu près formé. Il le conserve dans son caractère essentiel, qui est l'élimination des termes trop familiers pour plaire à la société polie, trop simples pour la dignité tragique. Ce travail d'élimination est assez avancé au temps de Corneille pour que la langue tragique se borne chez celui-ci à un nombre de mots assez restreint. Le vocabulaire de Racine se réduit encore par l'exclusion des locutions usuelles, auxquelles Corneille n'avait pas renoncé, et de ces termes techniques, de guerre, de chasse, de vénerie, de métier, etc., auxquels Racine préfère des termes plus généraux.

Il n'y a plus guère chez Racine, selon la fine remarque de M. Marty-Lavaux, qu'un langage proprement technique, celui de la galanterie. Il le recevait de son temps, et c'est pour lui une circonstance atténuante de ne l'avoir pas créé, car ce langage est essentiellement conventionnel, tantôt fade et tantôt emphatique. Mais il l'emploie avec une complaisance excessive. Dans ce langage, l'amour est une guerre, la femme une forteresse, l'amant un assiégeant; ce ne sont que cruautés, faiblesses, feux, flammes, comparaisons divines; l'adoration elle-même n'y suffit plus :

J'aime, que dis-je aimer? J'idolâtre Junie.

Ce que Racine reçoit encore de son temps, c'est le langage de cour, avec son étalage de respect et de pompe. Ce protocole lui est commun avec tous ses contemporains. Corneille et Quinault, Rotrou et Mairet, multiplient comme lui les « Seigneur » et les « Madame », les « Prince » et les « Princesse ». C'est une convention, assurément, mais aussi naturelle que le *vous* prêté à des Grecs et à des Romains. Avec l'idée que la condition royale éveillait aussitôt dans l'esprit des spectateurs, les termes empruntés par Racine au langage de la cour sont, je ne dis pas aussi naturels, mais aussi nécessaires que l'usage du français lui-même, car ils en faisaient partie intégrante.

Il va de soi que les termes empruntés à la mythologie et à l'histoire sont nombreux dans la langue de Racine, comme inséparables des sujets tragiques. Ce qui lui appartient, c'est le parti qu'il en tire. Que le sujet soit grec ou romain, turc ou biblique, il transforme ces simples indications en couleur et en poésie. Un mot lui suffit pour tracer un tableau. Ainsi, l'ordre de Roxane :

. . . . Que désormais le Sérail soit fermé,
Et que tout rentre ici dans l'ordre accoutumé.

Ainsi, l'évocation par Hippolyte du grand exploit de Thésée :

Et la Crète fumant du sang du Minotaure...

et l'effrayante filiation de Phèdre :

La fille de Minos et de Pasiphaë.

Le style noble, le langage de la galanterie et de la cour, les termes historiques ou mythologiques n'écartent nullement de la langue racinienne les expressions simples, énergiques ou même hardies. Les grammairiens du XVIIIe siècle, dans leur purisme étroit et leur ignorance pédante, étudiaient la langue de Racine sans la comparer avec celle de ses contemporains, ou même ils ne la connaissaient elle-même que de façon incomplète. Ils ont longtemps égaré la critique en louant à faux la noblesse comme la familiarité de Racine. En réalité, selon les besoins de sa pensée, le poète emploie tantôt le terme ordinaire, tantôt le terme relevé, tantôt le mot propre, tantôt une expression générale. M. Marty-Lavaux relève l'erreur des commentateurs suivant laquelle les fameux chiens d'*Athalie* n'auraient passé « qu'à la faveur de l'épithète *dévorants* » : ces chiens se retrouvent dans la même pièce, sans épithète. Ainsi de beaucoup d'autres.

D'autres fois, ce sont des mots sans caractère propre qui empruntent au sens dont le poète les remplit une force et une hardiesse uniques. Ainsi, Agrippine rappelant son mariage avec Claude :

> . . . . Une loi moins sévère
> Mit Claude dans mon lit et Rome à mes genoux.

Ainsi Roxane se promettant de montrer à Atalide le cadavre de Bajazet :

> Quel surcroît de vengeance et de douceur nouvelle
> De le montrer bientôt pâle et mort devant elle,
> De voir sur cet objet ses regards arrêtés
> Me payer les plaisirs que je leur ai prêtés.

On peut dire sans paradoxe que le mot propre, l'expression consacrée par l'usage courant, est le fond de la langue de Racine. Par les figures et les alliances de mots, il leur donne un sens noble, neuf ou hardi, mais toujours fondé sur la nature ou l'analogie. A cette simplicité il joint la propriété et la pureté; il élimine les expressions archaïques et évite les néologismes.

Sa création constante est dans la manière infiniment souple et variée dont il emploie le sens de ces mots, les combine et les assemble. A ce point de vue, on peut dire qu'aucun poète ne le surpasse, pas même La Fontaine en son temps, pas même Victor Hugo dans le nôtre, surtout si l'on considère que, volontairement, il restreint son vocabulaire aux besoins et à la nature de la tragédie, tandis que La Fontaine élargit le sien par l'archaïsme et que Victor Hugo ouvre les écluses de la langue. Il emploie sans artifice toutes les variétés de tropes, et, au lieu de les emprunter à la rhétorique, il les tire de la pensée. Selon les besoins de force ou de douceur, de finesse ou de franchise, de simplicité ou de noblesse, il substitue le concret à l'abstrait, ou inversement; il désigne l'objet au moyen de la matière ou de la partie, de la cause ou de l'effet, de l'attribut ou du symbole. Il abonde en ellipses ou en syllepses. Ses alliances de mots sont fameuses, et aussi le choix de ses épithètes. Il a trouvé les plus ingénieuses et les plus expressives, les mieux adaptées à la circonstance, les plus « rares », comme disaient les Parnassiens. Tropes, alliances de mots, épithètes sont si nombreux ou si fameux qu'il faudrait citer à l'excès et dépasser les bornes de cette étude ou rappeler des exemples trop connus. Je renvoie encore aux études complètes de MM. Paul Mesnard et Marty-Lavaux.

Avec cette fécondité de moyens, ceux que Racine emploie le plus souvent et dont il tire les effets les plus sûrs sont aussi les plus simples. Ses plus beaux vers, les plus pleins et les plus vigoureux, sont ceux où il n'a employé que les mots les plus usuels; ainsi dans *Athalie*, qui n'offre plus guère de ces élégances trop ingénieuses et de cette pompe continue où il se complaît parfois. J'ai déjà remarqué plus haut qu'il a de bonne heure laissé à Corneille les sentences et le procédé par lequel la pensée est volontairement resserrée dans un vers unique. La concision qui résulte de la pensée même lui suffit :

> Elle sait son pouvoir, vous savez son courage.

Il en tire des effets dont rien ne surpasse l'énergie :

> ... Une mort sanglante est l'unique traité
> Qui reste entre l'esclave et le maître irrité.

Il atteint d'un mot, avec plus de simplicité et moins de tension, par la seule logique des sentiments, le sublime de Corneille. Le « Qui te l'a dit? » d'Hermione et le « Sortez ! » de Roxane valent le « Qu'il mourut ! »

Ce qui montre bien à quel point les mots de Racine sont subordonnés à la pensée, c'est que les figures dont il fait l'usage le plus fort et le plus neuf sont, en réalité, plutôt des figures de pensée que des figures de mots. Ainsi l'ironie. Les couplets d'Hermione et de Roxane sont assez connus pour qu'il soit inutile de les rappeler. Mais que l'on étudie à ce point de vue tout le rôle d'Acomat, le politique léger de scrupules, à qui les hommes et les institutions inspirent un mépris clairvoyant et tranquille, mais qui, à la façon des vrais politiques, ne l'exprime qu'en tête à tête et dans la mesure dont il a besoin pour être compris. C'est Acomat qui dit du droit royal :

> ... D'un trône si saint la moitié n'est fondée
> Que sur la foi promise et rarement gardée.

C'est lui qui, engagé dans une partie dont sa tête est l'enjeu, ne veut payer qu'à bon escient :

> S'il ose quelque jour me demander ma tête,...
> Je ne m'explique point, Osmin, mais je prétends
> Qu'il faudra, s'il la veut, la demander longtemps.

C'est encore lui qui rappelle avec cette tranquillité une exécution sommaire :

> Cet esclave n'est plus. Un ordre, cher Osmin,
> L'a fait précipiter dans le fond de l'Euxin.

Pour le même motif, c'est lorsque Racine accorde davantage à l'expression qu'à la pensée, c'est-à-dire trop, lorsqu'il caresse et orne son vers de parti pris, qu'il donne dans le faux goût. Le désir de l'harmonie et de l'élégance lui fait employer des expressions trop générales et, par suite, vagues, comme son éternel « flatte », des mots de pur remplissage, comme « tout » et « toujours », « cent » et « mille », des périphrases courtes, mais inutiles, comme le « fatal tissu », ou prolongées avec une adresse trop visible. Ainsi, dans *Phèdre*, ce long circuit pour dire deux choses fort ordinaires :

> Les ombres par trois fois ont obscurci les cieux
> Depuis que le sommeil n'est entré dans vos yeux,
> Et le jour a trois fois chassé la nuit obscure
> Depuis que votre corps languit sans nourriture.

Il laisse à Corneille l'inversion, que ses successeurs reprendront pour en faire grand abus. En revanche, il emploie de manière constante un procédé qui est aussi fréquent chez Molière que chez lui. Ce procédé consiste, les vers classiques marchant deux par deux, à réserver pour le second le verbe à un mode personnel, c'est-à-dire le sens même de la phrase, et à remplir le premier avec une apposition ou une incidente. Le poète faisait donc le second vers le premier et y mettait la partie essentielle de sa pensée; l'autre était plus ou moins de remplissage. Comme tous les procédés, celui-ci offrait des avantages et des inconvénients. Les avantages consistaient à laisser l'esprit, avec le repos, sur un sens plein, comme aussi à procurer des tours ingénieux. Les inconvénients étaient de ne mettre dans le premier vers qu'un sens accessoire ou même inutile. Le tour heureux de la phrase suivante vient de là :

> . Ou lorsque, plus tranquille, assis dans le Sénat,
> Il faudra décider du destin de l'État.

Tandis qu'ici la seconde partie du premier vers est presque superflue :

> Je rendais grâce au ciel qui, m'arrêtant sans cesse,
> Semblait m'avoir fermé le chemin de la Grèce.

Ce sont là les plus constants procédés de Racine. Il les doit aux usages poétiques de son temps, comme les caractères généraux de son théâtre. Il les fait siens par la souplesse et la hardiesse, la grâce et l'énergie, la constance et la variété de ses constructions. Il emploie avec la même originalité, c'est-à-dire le même mélange de liberté et de docilité, soit le développement plus ample de la période, où l'idée se répand sur une longue suite de vers, soit le vers unique, qui frappe et s'enfonce, ferme et brillant. Il coupe d'habitude le vers à l'hémistiche et met à la rime une conclusion ou un repos, mais il offre la plupart des hardiesses, césures ou enjambements qu'admettait la poésie du XVIIe siècle.

« Racine a bien de l'esprit », disait Louis XIV à Mme de Sévigné, après une représentation d'*Esther*. Le mot est remarquablement juste, au sens où l'entendait le XVIIe siècle. Il ne veut plus dire aujourd'hui que vivacité brillante et piquante; il était alors synonyme d'art et de talent. Il désignait ce mélange de réflexion et d'adresse, de convenance et de tact, qui ne remplace pas le génie, mais donne à l'œuvre où le génie se trouve un caractère d'aisance, d'harmonie et de perfection. Racine avait autant d'esprit que Corneille en avait peu. C'est grâce à l'esprit qu'il conduit ses phrases d'un mouvement sûr, accéléré ou ralenti selon les besoins de la pensée, qu'il distribue l'ombre et la lumière, coupe le dialogue d'après la nature de l'action, met ses monologues en situation, reflète dans ses récits l'âme de ses personnages. Il n'est jamais brusque ou inégal; tout arrive au moment voulu et se range à sa place. Il évite les effets de surprise, autant que Corneille les recherche. Il prépare et amène. De là cette perfection continue où le relief s'atténue par l'égalité de l'excellent, mais qui regagne dans l'effet général ce qu'elle semble perdre dans le détail. A peine si, de temps en temps, cette égalité produit quelque monotomie; si le souci de la liaison, dans le développement comme dans la phrase, oblige le poète à un peu de remplissage; si cette régularité dans le mouvement s'obtient au prix de quelque lenteur.

Au total, « l'esprit » de Racine, la sobriété et la précision de sa touche, la sûreté avec laquelle il administre son génie, ce mélange de force et d'aisance, n'ont qu'un analogue dans la littérature française, l'art de La Fontaine. M. Émile Faguet dit joliment à leur sujet : « Nous n'avons rien de supérieur à offrir à l'admiration des étrangers, et nous sommes tellement sûrs de notre jugement à l'égard de ces deux grands hommes, que nous sommes ingénûment fiers quand l'étranger les estime, et malicieusement fiers quand il les méprise. »

S'il fallait, après l'essence de cet art, définir d'un seul mot l'impression générale de ce théâtre, celui d'élégance se présenterait aussitôt. Mais il faut le ramener aussi au sens primitif. L'élégance, c'est le choix, produisant la justesse et la proportion. Elle évite l'inutile et l'exagéré, l'étalage et l'effort, l'excès en tout. Elle suit la nature en dégageant le caractère et la beauté, qui seuls ont un prix. Elle subordonne l'auteur à l'œuvre, pour ne pas détourner au profit de l'écrivain l'attention qui, sur le moment, doit aller tout entière à son objet. Avec la marque toujours reconnaissable de l'auteur, elle varie les tons. Par la souplesse, elle produit la grâce et, par la nuance, la délicatesse. C'est elle qui fait passer un sourire sur la sombre figure de Roxane, avec ce vers charmant :

L'amour fit le serment; l'amour l'a violé.

C'est elle qui permet au même poète d'être tantôt

tendre et tantôt terrible, qui lui procure le dessin ferme et souple, les couleurs éclatantes et fondues, la solidité et la plénitude dans le moelleux. C'est elle qui range Racine dans la même famille que Sophocle, Virgile, Raphaël et Mozart.

Mais l'élégance, qui choisit, ne crée pas. Ces génies de lumière ont pour foyer commun une autre faculté, la sensibilité passionnée. Elle produit en eux la poésie pittoresque. Ils sont tendres et, par expérience ou affinité naturelle, ils éprouvent les sentiments qu'ils expriment. L'idée ne se présente pas à eux sous la forme rationnelle et logique, plus intellectuelle que sentimentale. Elle éveille l'imagination, qui la traduit de façon concrète et la revêt de couleur. De là, chez Racine, ces tableaux gracieux ou terribles : la dernière nuit de Troie, évoquée par Andromaque, la vision des enfers qui hallucine Phèdre, la pompe impériale dont le souvenir ravit Bérénice, la retraite d'amour caché qu'Hippolyte offre à Aricie. Tantôt ils s'étendent sur plusieurs scènes, baignés d'une clarté radieuse ou sinistre, tantôt ils se concentrent en deux vers, en un seul, comme sous une lueur d'éclair ou un rayon de soleil, pleins de terreur ou de joie, de mélancolie ou d'allégresse :

Le tumulte d'un camp, soldats et matelots,
Un autel hérissé de dards, de javelots.

Dans l'Orient désert, quel devint mon ennui!
Je demeurai longtemps errant dans Césarée,
Lieux charmants où mon cœur vous avait adorée.

D'où vient qu'en m'écoutant vos yeux, vos tristes yeux,
Avec de longs regards se tournent vers les cieux?

Prêts à vous recevoir mes vaisseaux vous attendent
Et du pied des autels vous y pouvez monter,
Souveraine des mers qui vous doivent porter.

De cette faculté de vision résulte la poésie pittoresque de Racine, ce don de la couleur qu'il est si profondément injuste de lui refuser. C'est par elle que se lèvent, d'un seul jet, avec une aisance et une grâce merveilleuses, parés d'un éclat incomparable, ces vers dont on respire le charme au passage, mais auxquels on revient pour rêver longuement devant eux et se donner une fête d'imagination.

C'est encore la sensibilité qui, en faisant éprouver au poète la passion de ses personnages, lui permet de la communiquer et la met partout dans son théâtre, une et diverse. Racine partage les angoisses d'Andromaque et la fureur d'Oreste, l'ambition d'Agrippine et la férocité de Néron, la sensualité de Roxane, l'ambition de Mithridate, les remords de Phèdre, l'enthousiasme de Joad. Son âme devient tour à tour l'âme de chacun d'eux.

Imagination et sensibilité sont le fond de la poésie racinienne, comme la volonté raidie contre la passion est la poésie de Corneille. Aussi le plus lyrique des deux n'est-il pas Racine, malgré les chœurs d'*Esther* et d'*Athalie*. Le lyrisme est partout dans le théâtre de Corneille, parce que, si le poète ne se substitue pas à ses personnages, il prête son âme à chacun d'eux. Chez Racine, qui traduit l'impression produite sur son âme par l'âme de ses héros, il est exceptionnel. Lorsque, dans le *Cid* et *Polyeucte*, Corneille emploie la forme lyrique, il s'y trouve parfaitement à l'aise. On peut, au contraire, trouver quelque faiblesse dans les chœurs d'*Esther* et d'*Athalie*. La grandeur et l'énergie bibliques n'y passent pas tout entières. Ils ont été faits pour être chantés, et, trop souvent, ce sont des vers d'opéra. L'élan qu'exige le lyrisme s'accordait mal avec la réserve de Racine et sa parfaite possession de lui-même.

Racine est donc lyrique de façon exceptionnelle, tandis que, dramatique, il l'est toujours. Chez lui, tout prend la forme théâtrale. Il n'a pas une image qui ne serve à la vérité d'une scène ; il n'exprime pas un sentiment qui ne soit nécessaire au développement d'un caractère. Chez ce poète tantôt idyllique et tantôt élégiaque, tantôt historien et tantôt psychologue, tout se ramène au don essentiel, le génie dramatique. Sainte-Beuve écrivait en 1830 :

> Racine fut dramatique, sans doute, mais il le fut dans un genre qui l'était peu. En d'autres temps, en des temps comme les nôtres, où les proportions du drame doivent être si différentes de ce qu'elles étaient alors, qu'aurait-il fait? Eût-il également tenté le théâtre? Son génie, naturellement recueilli et paisible, eût-il suffi à cette intensité d'action que réclame notre curiosité blasée, à cette vérité réelle dans les mœurs et dans les caractères qui devient indispensable après une époque de grande révolution, à cette philosophie supérieure qui donne à tout cela un sens, et fait de l'action autre chose qu'un *imbroglio*, de la couleur historique autre chose qu'un *badigeonnage*?

Le grand critique n'a jamais été tout à fait juste pour Racine. Même dans *Port-Royal*, où il lui fait réparation de son premier jugement, il ne lui accorde pas assez. En 1830, il mettait sa critique au service de Victor Hugo. Son article précédait de quelques jours la première représentation d'*Hernani* et avait pour but d'ouvrir la voie au nouveau théâtre. Racine, modèle du théâtre classique, était un obstacle ; le diminuer, c'était servir la cause du romantisme.

Lorsque, le cycle romantique fermé, on put le juger sur ses résultats, le même Sainte-Beuve fut le premier à constater la banqueroute théâtrale de ses anciens amis. L'*imbroglio* au lieu d'action et le *badigeonnage* remplaçant la couleur, la convention dans les mœurs et dans les caractères, une philosophie aussi déplacée que celle de Voltaire dans son *Œdipe*, le lyrisme se substituant à l'observation, c'est tout le théâtre romantique. On peut appliquer au romantisme avec une parfaite justesse la remarque paradoxale de Sainte-Beuve sur Racine : Il a réussi en tout, sauf au théâtre.

Le réalisme, avec sa sécheresse, l'école du bon sens avec ses platitudes, le naturalisme avec sa brutalité, venant après l'échec du romantisme, travaillaient pour Racine. En même temps, par l'élargissement du goût et le développement du sens historique, l'auteur d'*Andromaque* et de *Phèdre* était replacé à sa date et compris en lui-même. On lui savait gré de sa mesure et de son élégance, de sa pureté et de son harmonie, de sa simplicité et de sa modestie, de cette aisance dans la perfection qui était un charme reposant après les exagérations, les inégalités et les bouffissures, comme après les duretés, les faiblesses et les obscénités. Surtout, on le séparait nettement des disciples qui l'avaient compromis en abusant de son nom, de ces pseudo-classiques qui avaient prétendu continuer la tragédie. On aimait en lui la marque de son temps, et ce temps, déprécié lui-même au profit non seulement du romantisme, mais du XVIIIe siècle, retrouvait à son tour la justice dans la critique et dans l'histoire.

Les pièces de théâtre sont faites pour être jouées, et la lecture n'est pour elles qu'un pis aller. Jusqu'en 1830, Racine était resté en contact permanent avec le public. Un moment délaissé, il reprenait bien vite sa place. Dès 1838, avant même la date fameuse, 7 mars 1843, qui, par la chute des *Burgraves*, marque le déclin rapide du théâtre romantique, Rachel avait ramené la foule au théâtre classique. Les lointains voyages de la grande tragédienne, l'agonie prolongée du drame et la robuste fécondité de la comédie, avec Émile Augier et Alexandre Dumas, ralentissaient le mouvement commencé en faveur de Corneille et de Racine, mais ils ne l'arrêtaient pas.

L'immense malheur de 1870, en nous obligeant à chercher partout des motifs de réconfort et des moyens de relèvement, procurait à l'école d'héroïsme et de grandeur morale qu'est la tragédie du XVIIe siècle, une ferveur d'admiration douloureuse. Il y a du paradoxe dans la belle page de Henri Heine où Racine est présenté comme « le premier poète moderne », par antithèse avec Corneille, en qui « râle la voix de la vieille chevalerie » ; mais, de lui comme de Corneille, ceci est une vérité : « Qui sait combien d'actions d'éclat jaillirent des vers du tendre Racine? Les héros français qui gisent enterrés aux Pyramides, à Marengo, à Austerlitz, à Iéna, à Moscou, avaient entendu les vers de Racine, et leur empereur les avait écoutés de la bouche de Talma. » L'extension de l'enseignement donnait au théâtre du XVIIe siècle un public de lecteurs qui devenait aussi public de théâtre par l'institution des matinées classiques. A la Comédie-Française, la tragédie trouvait des interprètes égaux ou supérieurs à tous ceux que l'histoire du théâtre unit au nom de Racine.

Puis est venue, à partir de 1885 environ, après la fin du réalisme et l'agonie du naturalisme, l'école qui, au théâtre, dans le roman et dans la poésie, par l'emphase des programmes et la plus confuse mêlée de tendances, cherche un art nouveau. Cette école, depuis la comédie « rosse » jusqu'aux vagues aspirations du symbolisme et à l'engouement pour les littératures scandinaves, fait effort vers la vérité ou l'idéal. Une réaction excessive, mais juste en son principe, contre « la pièce bien faite » et le bric-à-brac du drame, élimine du théâtre une forte part d'*imbroglio* et de *badigeon*. Ce qu'il peut y avoir de lueurs à travers cette fumée et d'aube dans ces brouillards, ce que la prétention et la mode enveloppent, malgré tout, de retour sincère à la poésie et à la vérité, à l'art et aux idées, à la psychologie et à l'observation, tout cela tourne au profit de Racine.

Dans la critique, c'est à qui l'admirera pour des raisons différentes. Les talents les plus divers s'appliquent également à motiver le goût de la tragédie racinienne. A peine si quelques attardés des vieilles écoles et quelques fervents du drame affectent encore de la traiter légèrement ou durement. Jamais Racine n'a été mieux compris qu'au temps présent. Même ses pièces longtemps jugées de second ordre, comme *Bérénice*, sont reprises avec un grand succès.

Combien durera cette faveur? La mobilité du goût français oscille sans cesse entre l'apologie et le dénigrement. Racine et Bossuet, Lamartine et Victor Hugo, Musset et Vigny montent et baissent. Les éclipses de ces gloires ne sont jamais bien longues, et toutes sont assurées de durer. Aucune plus que celle de Racine, le plus intact et le plus jeune à cette heure de nos grands classiques.

NOTE BIBLIOGRAPHIQUE

Œuvres de J. Racine, éditées par M. PAUL MESNARD, avec lexique par M. MARTY-LAVEAUX, dans la collection des *Grands Ecrivains de la France*, 1865-1873. Édition classique, par M. G. LANSON, 1896.

VICOMTE DE GROUCHY. — *Documents inédits relatifs à Jean Racine et à sa famille*, 1892.

Abrégé de l'histoire de Port-Royal, d'après un manuscrit préparé pour l'impression par J.-B. RACINE; publié par A. GAZIER, 1908.

LA BRUYÈRE. — *Caractères*, 1688.

FONTENELLE. — *Parallèle de Corneille et de Racine*, 1693.

STENDHAL. — *Racine et Shakespeare*, 1823.

SAINTE-BEUVE. — *Portraits littéraires*, t. I, 1830; *Port-Royal*, t. VI, ch. X et XI, 1860; *Nouveaux Lundis*, t. III, 1862.

SAINT-MARC-GIRARDIN. — *Cours de littérature dramatique*, 1843-1868.

D. NISARD. — *Histoire de la littérature française*, t. III, ch. VIII, 1844-1861.

A. VACQUERIE. — *Profils et grimaces*, 1856.

F. DELTOUR. — *Les ennemis de Racine*, 1859.

A. VINET. — *Les Poètes français du siècle de Louis XIV*, 1861.

H. TAINE. — *Nouveaux essais de critique et d'histoire*, 1865.

C. DESPOIS. — *Le théâtre français sous Louis XIV*, 1874.

A. TAPHANEL. — *Le théâtre de Saint-Cyr*, 1876.

F. BRUNETIÈRE. — *Études critiques sur l'histoire de la littérature française*, 1880; *Histoire et littérature*, 1885; *les Époques du théâtre français*, 1892.

H. Breitinger. — *Les « Unités » d'Aristote avant le « Cid » de Corneille*, 1883.

E. Schérer. — *Essais sur la littérature contemporaine*, t. VI et VIII, 1882 et 1885.

E. Deschanel. — *Le Romantisme des classiques*, 1883, et *Racine*, 1884.

Ch. Arnaud. — *Étude sur la vie et les œuvres de l'abbé d'Aubignac et sur les théories dramatiques au XVIIe siècle*, 1887.

P. Stapfer. — *Racine et Victor Hugo*, 1887.

F. Sarcey. — *Chronique théâtrale du* Temps (recueillie dans *Quarante ans de théâtre*, 1900-1902, t. II).

A. Dorchain. — *A Racine*, poésie dite à la Comédie-Française, 1887.

E. Faguet. — *Les grands maîtres du XVIIe siècle*, 1887.

J. Lemaitre. — *Impressions de théâtre*, t. I, II et IV, 1888 et 1890; *Jean Racine*, 1908.

P. Janet. — *Les passions et les caractères dans la littérature du XVIIe siècle*, 1888.

P. Robert. — *La poétique de Racine*, 1890.

L.-C. Delfour. — *La Bible dans Racine*, 1891.

P. Monceaux. — *Racine*, 1892.

Funck-Brentano. — *Le Drame des poisons*, 1899.

Le Bidois. — *La vie dans la tragédie de Racine*, 1901.

G. Michaut. — *La Bérénice de Racine*, 1907.

Masson-Forestier. — *Autour d'un Racine ignoré*, 2e édit., 1911.

TABLE DES MATIÈRES

PREMIÈRE PARTIE

LA VIE

DEUXIÈME PARTIE

L'ŒUVRE

969-11. — Coulommiers. Imp. Paul BRODARD. — P7-11.

www.ingramcontent.com/pod-product-compliance
Ingram Content Group UK Ltd.
Pitfield, Milton Keynes, MK11 3LW, UK
UKHW020408190726
13838UKWH00006B/179